CONTRE
LE SOCIALISME

PAR

LÉON SAY
DE L'ACADÉMIE FRANÇAISE

PARIS
CALMANN LÉVY, ÉDITEUR
RUE AUBER, 3, ET BOULEVARD DES ITALIENS, 15
A LA LIBRAIRIE NOUVELLE

1896

CONTRE
LE SOCIALISME

CALMANN LÉVY, ÉDITEUR

DU MÊME AUTEUR :

Format in-16

LE SOCIALISME D'ÉTAT. . . . . 1 vol.

Format in-8°

DISCOURS DE RÉCEPTION A L'ACADÉMIE
FRANÇAISE . . . . Brochure.
LA POLITIQUE DES INTÉRÊTS . . . . —

CONTRE
LE SOCIALISME

PAR

LÉON SAY
DE L'ACADÉMIE FRANÇAISE

PARIS
CALMANN LÉVY, ÉDITEUR
ANCIENNE MAISON MICHEL LÉVY FRÈRES
3, RUE AUBER, 3
—
1896

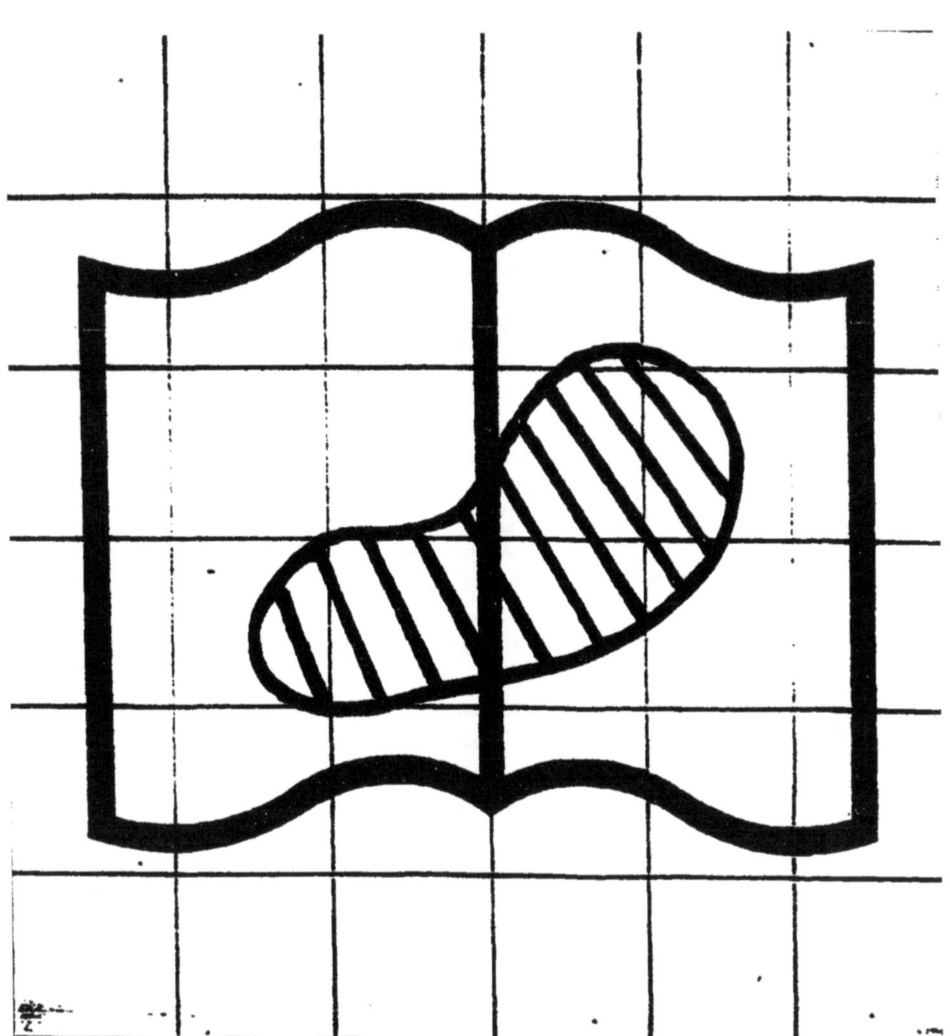

PRÉFACE

J'ai rendu compte, le 3o novembre, à la séance publique annuelle de l'Académie des Sciences morales et politiques, tenue sous la coupole de l'Institut, du résultat des concours, — ouvrages imprimés et mémoires manuscrits — jugés pendant l'année 1895 par l'Académie, et je me suis plus particulièrement occupé de ceux des concours où le socialisme était intéressé. J'ai fait à cette occasion une étude approfondie des rapports spéciaux de mes confrères, particulièrement de ceux de MM. Ch. Waddington et Alfred Fouillée.

sur le Socialisme contemporain et sur le
Positivisme, rapports publiés dans le
*Bulletin de l'Académie des Sciences morales
et politiques*, de septembre et octobre 1895.

Au moment où j'achevais d'écrire ce
discours, je me suis trouvé, le 15 novembre à la Chambre des députés pendant la
discussion sur les droits successoraux,
face à face avec les socialistes de toutes
dénominations qui, forts de la condescen-
dance ou même de l'appui d'un ministère
radical, cherchaient à introduire dans
notre législation fiscale, à titre de principe,
la méthode la plus sûre pour arriver dans
un délai plus ou moins rapproché à la
nationalisation du sol, du capital et des
instruments de travail. Cette méthode,
c'est l'art de détruire, petit à petit, les
capitaux appropriés, par l'impôt progressif.

J'ai dû monter à la tribune pour com-

battre cette méthode de destruction et,
tout plein encore du discours académique
que je venais de préparer pour l'Institut,
je m'en suis servi, en l'accommodant aux
circonstances, afin d'affaiblir, si je le pouvais, le socialisme militant. J'ai pu, de la
sorte, à quinze jours de distance faire de
la théorie et de l'application.

Il m'a semblé que ces deux discours
gagneraient à figurer ensemble dans un
même volume.

On pourra se convaincre, j'espère, en
rapprochant ces deux manifestations très
dissemblables d'une seule et même opinion libérale, que la vraie force du socialisme provient de l'empressement de ses
adversaires à lui ouvrir toutes les portes.

LÉON SAY.

Décembre 1895.

DISCOURS

DU 15 NOVEMBRE 1895

Messieurs, j'arrive à un moment de la
discussion où il faut conclure. Dans les
discours que vous avez entendus jusqu'à
présent, il a été dit d'excellentes choses
tout à fait à leur place, il faut le reconnaître, dans la discussion générale ; mais
d'autre part les auteurs des contre-projets
et des amendements sont venus à leur
tour développer leurs systèmes ; de sorte
que la portée générale de la loi a parfois

été négligée. Je voudrais autant que possible, presque absolument, puisque nous
allons, dans un instant, passer à la discussion des articles, me renfermer dans
la question générale.

J'ai été très frappé, en écoutant le
discours de mon honorable collègue
M. Trouillot, de constater qu'il pouvait
être considéré comme une glorification
de l'empirisme en matière de finances. Je
dépasse peut-être la pensée de mon honorable collègue en portant ce jugement;
mais je suis sûr d'être dans la vérité en
affirmant que c'est l'impression qu'il a
produite sur la plupart de ceux qui l'ont
entendu.

Je ne crois pas, quant à moi, que l'empirisme en matière de finances puisse être
compatible avec la reconstitution et la
permanence d'une bonne situation finan-

cière, car il n'y a que trop de personnes disposées à voter le budget au jour le jour, à consentir des dépenses selon le sentiment qui les anime, avec la préoccupation d'en faire un emploi moral et utile, sauf à laisser ensuite au hasard le soin de créer les recettes nécessaires pour couvrir la dépense.

Je ne crois pas cependant qu'on ait encore abandonné dans notre pays, ni qu'il faille abandonner, je ne dis pas seulement la théorie mais la pratique des budgets préalables et de la méthode de préparation des budgets sur des prévisions bien établies s'étendant à tout, aussi bien aux dépenses qu'aux recettes.

Mais je ne crois pas qu'il soit possible à un ministre des Finances de concevoir un budget sérieux, d'en rédiger l'exposé des motifs et de le déposer aux Chambres,

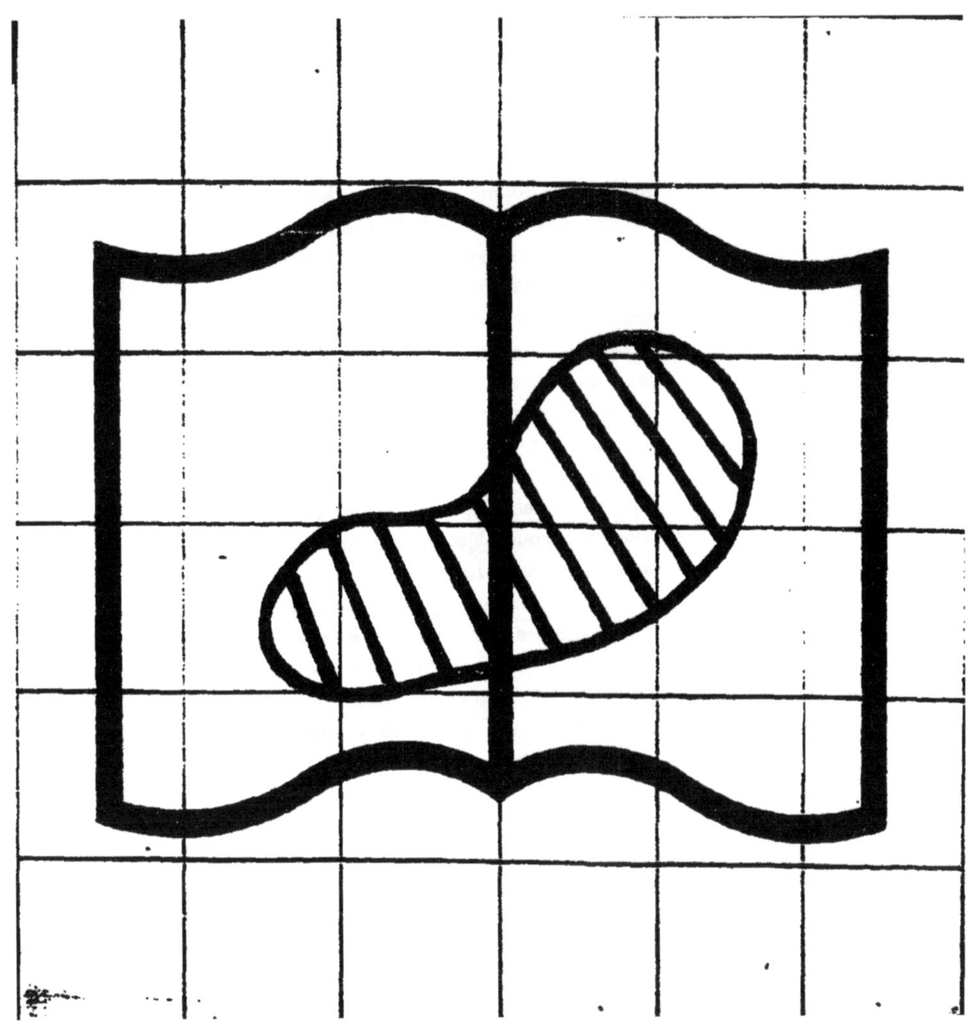

si la politique financière qui a inspiré son budget n'est pas l'expression de la politique générale du cabinet auquel le ministre des Finances appartient. *(Très bien! très bien!)*

Il me paraît donc nécessaire à la vieille de la discussion du budget d'examiner la politique financière révélée, par les divers projets de lois préliminaires au budget, qui nous sont actuellement soumis.

Il n'y a pour moi que deux politiques financières et elles correspondent à deux politiques générales : celle qui a pour objet de mieux répartir les impôts, et celle qui a pour objet de répartir autrement la richesse. La première politique, qui est la mienne, — j'ai peut-être tort de commencer par moi; ce n'est sans doute pas très convenable *(Sourires)*, — c'est celle qui considère les impôts comme un malheur, qui pense qu'il vaudrait mieux que les impôts fussent très faibles ou même qu'il n'y en eût pas du tout. Les impôts à prélever sur les citoyens ne doivent avoir aucun autre objet que de faire face aux dépenses publiques.

Dans la doctrine que je défends, l'impôt n'a donc aucun autre but que de couvrir les dépenses publiques. Nous n'obéissons et nous ne devons obéir selon moi à aucune autre considération que celle-là, quand nous exigeons des sacrifices des contribuables.

Il est clair que si vous n'apportez dans la création des impôts que cette seule préoccupation de réunir les sommes qui sont nécessaires, sans jamais dépasser ce nécessaire; que si vous vous renfermez dans cette seule préoccupation, ne vous laissant entraîner par aucune autre comme celles qui, par exemple, sont de l'essence même

de l'idée socialiste, vous ferez nécessairement un budget qui sera le contraire du
budget socialiste. Il y a donc à mon sens
deux budgets, le premier que j'appellerai...
que voulez-vous que je vous dise ? je
l'appellerai comme je le juge : le budget
des républicains d'aujourd'hui, de demain
et de l'avenir...

M. JULES GUESDE. — Le budget anar-
chique ! Le moins d'impôt possible, faisant
suite au moins d'État possible.

M. LE PRÉSIDENT. — N'interrompez
pas, monsieur Guesde ; vous êtes inscrit.

M. LÉON SAY. — Je me rappelle qu'on
m'a fait une querelle de ce côté (*l'extrême
gauche*), parce que j'avais donné un jour
cinq francs pour des soupes populaires à
des gens appartenant aux idées anarchiques
qui m'avaient dit : « Nous, nous ne voulons pas de Gouvernement du tout, et

vous, vous en voulez très peu. Vous voyez bien que nous marchons à peu près dans le même sens. » *(Rires.)*

M. TOUSSAINT. — Et vous, vous en voulez beaucoup!

M. LÉON SAY. — Mais non! C'est une erreur complète.

J'ai répondu : « J'ai mal placé mes cent sous, voilà tout! »

M. JULES GUESDE. — Vous nous en avez toujours quelque peu voulu! *(Sourires.)*

M. LÉON SAY. — A une époque de notre histoire, les Français se sont trouvés dans une situation très difficile: c'était à l'époque où il fallait absolument sortir de cet état, qu'on appelle, avec juste raison, l'ancien régime, où chacun ne payait pas toute la part qu'il aurait dû payer, où certains contribuables payaient seuls, à côté d'autres qui ne payaient pas.

En 1789 on avait bien raison de trouver les impôts mal répartis; on a fait disparaître les privilèges, et on a bien fait;
on a cherché à faire supporter les charges
publiques d'une manière égale par tous
les citoyens, sans se préoccuper de la.
situation de fortune de chacun d'eux,
et c'était justice, mais on ne songeait pas
à opérer en même temps une nouvelle
répartition de la richesse. Le poids était
mal réparti: on voulait le faire supporter
également par tous les citoyens: c'était
une sorte d'axiome qui passait alors pour
ne pouvoir être contredit par personne,
que les impôts n'étaient si lourds que
parce que la répartition en était mauvaise.

Vous vous rappelez, messieurs, la com-
paraison que l'on faisait alors entre les
charges physiques des gros poids et les
charges financières des lourds impôts.

Des poids considérables répartis sur toutes
les parties du corps, pouvaient être aisément portés, tandis que quelques livres de
charge en sus ne pouvaient pas l'être,
lorsque par le défaut d'une bonne répartition elles ne pesaient que sur une seule
partie du corps.

A cette époque — vous verrez pourquoi, sans m'étendre, j'y fais allusion —
en 1789, on voulait répartir plus équita-
blement les impôts, et ce qu'on appelait
l'égalité devant l'impôt n'était pas autre
chose que l'égalité devant la loi. C'était
— tout le prouve — la vraie et la seule
formule du moment, et c'est ce qui me
permet de dire que je défends aujourd'hui
des principes très anciens, que je me mets
à l'abri d'une très grande date et que j'ai
le droit de le faire.

Cette égalité devant la loi était obtenue

par le proportionnel. C'était chose généralement admise que le proportionnel pouvait seul donner cette égalité devant la loi que l'on voulait réaliser.

Je ne crois pas qu'en 1789 il eût été possible de considérer la question des impôts à un autre point de vue. Et remarquez qu'on se trouvait encore sous cette impression qu'avait donnée au grand public et au monde éclairé du xviiie siècle, une école que je respecte infiniment, l'école physiocratique, qui a fait de très grandes choses, mais dont on a développé les idées en en abusant beaucoup. Elle avait commis un certain nombre de très graves erreurs, entre autres celle de faire croire à la possibilité d'un impôt unique.

Il est facile d'imaginer, en supposant l'impôt unique existant, une méthode de répartition qui le rendrait plus supportable. Mais, aujourd'hui, personne ne croit plus à l'impôt unique; l'impôt unique a été condamné universellement par tous ceux qui s'occupent de questions financières. Il a été condamné définitivement au congrès de Lausanne, en 1860, par des raisons que tout le monde connaît et que je n'ai pas besoin de rappeler.

Je dois dire cependant qu'il avait été déjà condamné bien longtemps auparavant, au xvie siècle, par celle des raisons qui est peut-être la meilleure qu'on ait jamais invoquée, par cette raison pratique que donnait le Tiers-État aux États de Blois. Quand on a proposé l'impôt unique sur les feux, qui d'ailleurs aurait été progressif, le Tiers a répondu à peu près en ces termes : « Nous ne voulons pas de cet impôt unique, parce que le lendemain du jour où on aurait créé cet impôt nouveau et unique, nous sommes convaincus qu'on rétablirait tous les anciens impôts flour les ajouter au nouveau. »

Dans notre législation fiscale, nous n'avons pas d'impôt unique, mais, au contraire, un nombre considérable de groupes d'impôts : on s'adresse à toutes les sources de la richesse parce que c'est la seule manière d'atteindre réellement les produits divers de la fortune. Des sources multiples peuvent seules alimenter des budgets aussi considérables que les budgets modernes.

Et comment voulez-vous, dans chacun de ces groupes séparés et nombreux qui, réunis, forment l'ensemble des contribuables, arriver à une équitable répartition sans tomber, pour un grand nombre d'entre eux, dans des inconséquences ou dans des erreurs?

La répartition générale, ne serait juste que si chaque répartition spéciale l'était également. La difficulté d'y arriver est analogue à celle qu'on a rencontrée quand on a voulu faire dans l'impôt foncier des péréquations au premier degré, alors qu'on ne pouvait pas faire la même péréquation à tous les autres degrés.

Notre système d'impôts est un système d'impôts multiples applicables à des groupes particuliers de contribuables ; nous avons aujourd'hui à considérer seulement le groupe des contribuables des droits successoraux, et notre devoir est de nous borner à chercher la meilleure répartition de ces droits entre les contribuables qui les payent aujourd'hui. C'est une question qui resterait très difficile à résoudre, alors même qu'on serait fidèle au principe de l'impôt proportionnel, c'est-à-dire, malgré les dénégations qu'on m'a souvent opposées, au principe proclamé en 1789.

Mais je dois, avant de continuer, examiner l'autre doctrine financière dont je vous ai parlé en commençant.

Cette autre doctrine est non seulement différente de celle que je viens de résumer, elle lui est absolument opposée : c'est la doctrine de ceux qui croient que l'impôt n'est pas fait seulement pour recueillir les sommes nécessaires aux dépenses publiques, mais que son objet principal est de mieux répartir la fortune entre les citoyens. Dans la doctrine que je défends, on cherche uniquement à réaliser l'égalité devant l'impôt ; dans l'autre, on cherche à mieux répartir la richesse entre les citoyens. On se trouve donc, comme vous le voyez, en présence d'une contradiction absolue. *(Très bien ! très bien ! au centre.)*

L'impôt proportionnel est l'instrument qui assure le mieux la répartition équitable de l'impôt; l'impôt progressif est, au contraire, je ne dirai pas le seul mais le plus efficace moyen de réaliser la doctrine de mes adversaires, c'est-à-dire, de modifier la distribution de la richesse entre les citoyens. *(Très bien! très bien! sur les mêmes bancs.)*

Vous savez que l'impôt progressif date de 1793. J'y oppose naturellement — personne ne peut s'en étonner — la date de 1789, et je pense qu'on me permettra de dire que nous sommes ici un certain nombre d'hommes politiques qui nous rattachons à la date de 1789 en face d'un certain nombre d'autres hommes politiques qui se rattachent à la date de 1793. Moi, je ne me rattache pas à celle de 1793; je n'ai jamais pu pardonner à la Convention les crimes de la

Terreur. (*Interruptions à l'extrême gauche.
— Applaudissements au centre et à droite.*)

M. PASCAL GROUSSET. — Et sous Louis-
Philippe, on n'a pas commis d'atrocités?
sous Thiers non plus?

M. LÉON SAY. — Je vous le dis avec le
calme de l'historien, je cherche à ne pas
passionner le débat; je vous prie de croire
que, s'il en était autrement, ce serait d'un
autre ton et dans d'autres termes que je
parlerais de 1793.

Je n'ai d'ailleurs pas pardonné davantage au Directoire les crimes de Fructi-
dor. Je trouve qu'il est aussi fâcheux
d'être entre les mains de gens qui vous
fructidorisent qu'entre les mains de gens
qui vous mettent hors la loi, avec ce que
vous savez à la suite. Je n'ai jamais été
partisan de la violence ni des gouvernements arbitraires.

M. PASCHAL GROUSSET. — Cent ans après, cela ne signifie pas grand'chose qu'on soit mort guillotiné ou de sa belle mort.

M. LÉON SAY. — Mon Dieu, on peut dire que la mort que reçoit tout individu n'est qu'une mort prématurée, puisqu'il serait mort un jour ou l'autre. *(On rit.)* Je trouve que les morts prématurées ont été, à certaines époques, beaucoup trop considérables. *(Très bien! très bien! et rires sur plusieurs bancs.)*

M. JULES GUESDE. — Au mois de mai 1871, surtout! *(Bruit.)*

M. LÉON SAY. — Je pourrais bien, si je le voulais — mais c'est vous qui ne le voudriez pas, et avec grande raison, — faire à cette tribune un tableau de l'histoire de France, depuis 1793 jusqu'à 1895, mais je ne suis pas ici pour cela.

M. JOSEPH JOURDAN (Var). — Le régime fiscal est indépendant de la chronologie.

M. LÉON SAY. — Le régime fiscal est si peu indépendant de la chronologie que, je vous l'ai dit tout à l'heure, il dépend absolument du régime politique. Quand on a un certain idéal politique, on a aussi en même temps, un certain idéal fiscal. Quand donc je trouve dans le passé un idéal politique qui ressemble à un autre idéal politique que je vois se réveiller autour de moi, j'ai le droit de me demander si l'idéal fiscal du passé et l'idéal fiscal d'aujourd'hui n'ont pas certains points de ressemblance. Vous trouverez peut-être que je me trompe dans mon raisonnement, mais je le crois très juste. (*Interruptions à l'extrême gauche. — Très bien! très bien! au centre.*)

Vous savez que les interruptions me

sont extrêmement agréables; mais je dois à cette **Chambre** de ne pas y répondre et de continuer ma discussion.

Je disais que dans un système, qui est le système socialiste, qui facilite, s'il ne la commande, l'adoption du principe progressif, on a évidemment pour objectif de niveler les fortunes, de faire une nouvelle distribution de la richesse entre les citoyens. En un mot, ce qui est votre idéal, — je ne dis pas que vous le réaliseriez demain, même si vous étiez au pouvoir, — mais enfin ce que vous voulez, — vous le dites tous les jours, — c'est détruire ce que vous appelez la société capitaliste.

Je ne crois pas exagérer l'opinion de mes adversaires en disant que leur but final, c'est la **destruction** du système capitaliste, c'est-à-dire la destruction des capitaux.

M. JULES GUESDE. — Comment! des capitaux!

M. COUTANT. — Pas du tout! la destruction de la société dans la forme capitaliste.

M. AVEZ. — Nous voudrions savoir ce que vous entendez par « destruction des capitaux ».

M. LÉON SAY. — Je le dirai très aisément dans la suite de ma discussion.

Oh! je sais bien qu'il y a parmi les membres du parti socialiste des divisions considérables. Seulement ces divisions considérables, jusqu'à présent, ne nous servent pas autant que les divisions que nous avons entre nous, vous servent à vous-mêmes. *(On rit.)*

Je vous ai dit en commençant que je voulais sortir de l'empirisme, auquel je trouvais que mon honorable ami

M. Trouillot avait fait beaucoup trop de sacrifices. Je vais vous dire très franchement une chose qui va bien vous étonner : c'est que je me glorifie d'être un doctrinaire. (*On rit.*) Je constate du reste que je suis en très nombreuse compagnie, car je ne crois pas qu'il y ait de doctrinaires plus doctrinaires que ceux des écoles socialistes. (*Très bien! très bien! au centre.*)

Nous n'avons qu'à citer des noms. Est-ce que Karl Marx n'était pas un doctrinaire? Est-ce que Engel n'était pas un doctrinaire? Est-ce que Benoit Malon, qui est un des hommes les plus considérables du socialisme moderne, n'était pas un doctrinaire? Vous connaissez cette profession de foi, cette espèce de testament qui ne manquait pas de grandeur dans la bouche d'un homme mourant : « Je meurs,

a-t-il dit, socialiste, évolutionniste et panthéiste. » Voilà une doctrine, une grande
doctrine; elle n'est pas la mienne, mais
j'ai bien le droit de dire que celui qui a
écrit cette formule était un doctrinaire.

Et M. Gabriel Deville, qui est un homme
considérable dans les discussions socialistes, et M. Guesde lui-même, ne dois-je
pas les considérer comme des doctrinaires?

Il y en a un, — je ne sais pas pourquoi, on semble dans le socialisme français
le traiter avec un certain dédain, mais je
trouve que c'est un homme très fort et qui
est un doctrinaire de premier ordre, c'est
Henry George, dans sa doctrine sur la propriété foncière. (*Exclamations à l'extrême
gauche.*)

Vous souriez quand on vous parle d'Henry
George; vous trouvez sa doctrine infé-
rieure à vos grandes doctrines européen-

nes; mais en tout cas, c'est un doctrinaire,
et il a cet avantage sur un certain nombre
de publicistes de l'ancien monde, que ses
livres sont peut-être ceux qui ont été imprimés au plus grand nombre d'exemplaires; la circulation de ses écrits dépasse
la circulation de tout ce qui a été publié
pendant la même période. Les romans
eux-mêmes, romans d'aventures et romans
religieux si appréciés des Anglais, n'ont
jamais circulé à plus d'exemplaires que
les livres d'Henry George dans les pays
de langue anglaise qui s'étendent sur toute
la terre. C'est donc, après tout, un doctrinaire avec lequel vous êtes bien obligés
de compter.

Il est certain que tout le système des
doctrinaires du socialisme repose sur la
transformation de la propriété. Il n'y en a
pas un dont la doctrine puisse se main-

tenir, si elle n'a pas pour objet, pour point
de départ ou pour but, la transformation
de la propriété, ce qui, je le reconnais,
ne veut pas toujours dire la confiscation
de la propriété.

M. JULES GUESDE. — C'est juste!

M. LÉON SAY. — Vous savez le mot
d'Henry George : « Je laisserai, dit-il, aux
propriétaires leurs propriétés, je leur per-
mettrai de dire « ma terre », je ne la leur
confisquerai pas : mais je m'approprierai,
au profit de l'État, tous leurs revenus en leur
laissant le titre de propriétaires; je leur
laisserai l'enveloppe et je mangerai l'a-
mande. » *(Rires au centre.)*

Parfaitement! il faut conserver la propriété; pas de confiscation; c'est un mal
odieux; il ne faut pas détruire le capital,
il ne faut pas détruire les fortunes; et
même je crois savoir que certains de vos

doctrinaires, qui écrivent sur ce sujet avec beaucoup d'autorité, disent qu'ils ne veulent pas confisquer les fortunes, qu'ils ne veulent même pas faire obstacle à leur accroissement, et au fond c'est par cette grande raison qu'ils aiment mieux attendre que les fortunes se soient développées pour pouvoir les nationaliser avec plus d'avantages. *(On rit.)*

Il est clair que si on ne nationalisait que de petites fortunes, on ne nationaliserait pas grand'chose; mais si l'on attend que les grandes sociétés, les chemins de fer, les mines, etc., aient réuni tous les petits capitaux épars pour les rendre productifs, on les nationaliserait beaucoup plus utilement, en absorbant ainsi de très grands capitaux au profit de l'État.

M. AVEZ. — *Les biens nationaux!*

M. LÉON SAY. — Oui! Les biens natio-

naux; c'était de la fortune toute faite;
elle était à point.

Vous voyez que par ce système, quelles
que soient les lenteurs de l'opération, on
arrive un jour à prendre tout.

M. FABEROT.— C'est vous qui préférez
prendre tout ! *(Bruit au centre.)*

M. LÉON SAY.— Je parle en ce moment-
ci des grands doctrinaires, des doctrinaires
socialistes dont vous n'êtes peut-être pas.
Je ne dis pas que tous les socialistes soient
doctrinaires; ils ne le sont certainement
pas tous. Il y a une résistance aux doctrines, c'est certain; c'est ce qui fait qu'il
y a deux grandes divisions dans le parti
socialiste, sans compter les sous-divisions.
Oui, il y a une résistance; on se défie,
dans plus d'un atelier, des doctrinaires.

On a même traité quelquefois Bebel
d'opportuniste; il a néanmoins, cela est

certain, une doctrine philosophique et historique. C'est un philosophe qui se rattache aux grands philosophes de la Grèce; il ne permet pas qu'on médise de Platon. *(On rit.)* Voilà sa doctrine : il faut se rallier à Platon. Il a défendu Platon contre M. Yves Guyot d'une façon très remarquable. *(Nouveaux rires.)*

Quoiqu'il soit opportuniste, on ne peut pas dire pourtant qu'il ne soit tout de même un tant soit peu doctrinaire.

A l'extrême gauche. — Nous ne vous entendons pas ! Parlez de notre côté !

M. LÉON SAY. — Je vous demande pardon ! J'ai vu souvent M. Ribot se placer de votre côté en parlant et on lui disait toujours de se tourner plus à droite. Je voudrais, quant à moi, me mettre à la disposition de tout le monde, et je fais tous mes efforts pour y arriver. Je ne cherche aucunement à vous empêcher de m'entendre; je parle pour vous comme pour mes autres collègues.

M. JULES GUESDE. — Nous vous écoutons avec passion.

M. LÉON SAY. — Vous êtes bien bon. *(On rit.)*

Je ne suis pas ici pour défendre Platon. Je sais bien qu'il y a des personnes qui trouvent qu'il avait du bon, et entre autres Gorgias, car Gorgias ne serait pas parvenu à la grande situation qu'il a obtenue devant la postérité si Platon n'avait pas parlé de lui. Or, il y a aujourd'hui bien des Gorgias qui ne demanderaient pas mieux que de jouir de l'immortalité que pourrait leur donner un nouveau Platon. *(Rires.)* Ceci n'a pas d'application, ou très peu, aux honorables membres de cette chambre. *(Nouveaux rires.)*

Je disais donc qu'il y a une résistance aux doctrinaires et qu'il y a des personnes pour dire : « Mais enfin, ces théories-là, ce n'est pas ce qui nous fera jouir de la félicité suprême à laquelle nous aspirons. »

Je ne sais pas si vous connaissez un grand économiste qui s'appelle Gustave Flaubert. Vous avez peut-être lu *Bouvard et Pécuchet*; Pécuchet disait : « Est-ce que tu crois que ces gens, avec leurs théories, vont changer la face du monde? » Eh bien! il y a dans le parti socialiste bien des socialistes qui disent : Tous ces théoriciens-là ne vont pas changer la face du monde.

Voilà le germe de vos difficultés croissantes. Vous êtes divisés entre vous; vous avez les positivistes de l'école d'Auguste Comte, genre 1848...

M. JULES GUESDE. — Ils sont deux, les positivistes ouvriers.

M. LÉON SAY. — Eh bien! tant mieux; cela fait plus de division entre vous *(Hilarité générale.)* Vous savez bien, monsieur Guesde, que nous avons appris, par une histoire qui n'est pas très ancienne, que quand un corps d'armée est coupé par l'ennemi, on a deux corps d'armée. *(Nouveaux rires.)*

Il est donc certain qu'il y a une très vive opposition chez nombre de socialistes, qui trouvent que toutes vos doctrines font aller les choses trop lentement; ils veulent marcher plus vite, et il y a certainement parmi ceux qui repoussent vos théories et se séparent publiquement d'elles des hommes qui vous gêneront beaucoup un jour, qui vous pousseront, qui vous entraîneront plus loin que vous ne voudriez, et dont vous serez certainement, quoi que vous en disiez, responsables. Ceux-là un jour vous diront : « Nous sommes les plus nombreux, nous pouvons bien nous procurer par la force ce que vous dites nous appartenir de droit. » Je ne sais pas ce que vous pourrez leur répondre.

Vous vous élevez, je le sais bien, contre les anarchistes, mais vous êtes responsables de la plupart des crimes que ces anarchistes ont commis. *(Vives réclamations à l'extrême gauche.)*

M. JULES GUESDE. — C'est là un argument qui n'est pas digne de vous ! Les anarchistes sont des bourgeois renforcés et logiques, voilà tout.

M. COUTANT. — C'est vous qui êtes surtout responsable. Les anarchistes sortent de votre spéculation.

M. PASCHAL GROUSSET. — Vaillant sortait d'une raffinerie où il n'avait pas trouvé à vivre.

M. AVEZ. — Vous avez dit tout à l'heure que vous aviez subventionné l'anarchie !

M. LÉON SAY. — Oui, je lui ai donné cent sous ! *(On rit.)* Il n'y a aucune injure dans mes paroles. Ce que je dis peut s'adresser à tous les partis. *(Bruit à l'extrême gauche.)* Nous sommes responsables de toutes les théories politiques que nous émettons, et si nous émettons des théories dont on tire un mauvais parti, nous devons nous demander à nous-mêmes si nous ne sommes pas responsables. *(Très bien! très bien! au centre.)*

M. PASCHAL GROUSSET. — Cela, c'est de l'économie politique !

M. LÉON SAY. — Je ne sais pas si c'est de l'économie politique ; mais, c'est, en tout cas, une philosophie très pratique et que je recommande aux membres du Parlement.

M. COUTANT. — En donnant trois francs cinquante à vos ouvriers ! *(Bruit.)*

M. LE PRÉSIDENT. — Monsieur Coutant, je vous prie de garder le silence.

M. LÉON SAY. — Je ne connais pas bien toutes vos divisions. Je sais qu'il y a des allemanistes, des broussistes, des blanquistes, et que ceux-ci ne sont pas tendres. Je sais qu'ils veulent aller beaucoup plus vite que vous et qu'ils ne reculeraient pas devant des mises hors la loi, qu'ils n'auraient pas le moindre souci de respecter le suffrage universel, et je doute qu'ils soient disposés à laisser choisir par les électeurs les gens par lesquels les autres voudraient se faire représenter. *(Bruit à l'extrême gauche.)*

Je crois que les socialistes qui vous font la guerre vous regretteront un jour, parce que, pour organiser un parti et lui donner une force permanente, il faut des doctrinaires. Si les doctrinaires du socialisme disparaissaient, nous aurions la bataille dans la rue, et alors ce serait à qui serait le plus fort !

M. JULES GUESDE. — Vous n'en avez pas peur, je le comprends ; mais nous l'empêcherons cette bataille.

M. LÉON SAY. — Oh ! je sais ce qui m'attend ce jour-là ! Je serais moins propre à me défendre qu'un autre ; par conséquent, j'y passerais le premier. *(On rit.)*

M. JULES GUESDE. — Vous provoquez à la bataille !

M. LE PRÉSIDENT. — Monsieur Jules Guesde, veuillez garder le silence.

M. JULES GUESDE. — On nous provoque à la bataille dans la rue!

M. LÉON SAY. — Ne dites pas de telles choses, je ne provoque jamais à la bataille. Savez-vous ce que je reproche à vos doctrinaires? C'est d'avoir provoqué à la bataille, et tous les jours. *(Réclamations à l'extrême gauche. — Bruit.)*

M. JULES GUESDE. — Vous venez de dire le contraire!

M. LE PRÉSIDENT. — Vous êtes inscrit, monsieur Guesde, vous répondrez. Veuillez garder le silence.

Personne ici ne provoque à la bataille, et personne n'a le droit d'accuser ses collègues de le faire. *(Très bien! très bien!)*

M. LÉON SAY. — Je ne demande pas mieux que M. Guesde réserve ses bons arguments pour la tribune.

Je dis qu'il y a parmi les doctrinaires

du socialisme des gens qui provoquent
à la bataille. Il n'y en a pas ici : c'est
d'un mort que je veux parler — et qui
n'est pas mort dans la bataille. (*Rires au
centre.*)

J'ai entendu dire par ceux qui louaient
Karl Marx que c'était certainement un
grand esprit, que sa plus grande découverte a été celle de la loi de l'évolution
historique, et que cette loi était celle-ci :
Il n'y a jamais eu dans l'histoire que des
luttes de classes se disputant pour leurs
intérêts économiques ; ce qui s'est produit dans le passé se produira dans l'avenir ; la classe la plus nombreuse, — c'est-
à-dire celle des ouvriers — ayant les
moyens, par le nombre, d'opprimer plus
facilement les autres, aura le dessus dans
la lutte des classes, et après sa victoire,
elle sera bien obligée, ne pouvant pas se

retourner contre elle-même, de se laisser absorber dans le grand tout de l'État.

Je crois qu'une doctrine philosophique de cet ordre, si elle ne provoque pas la bataille, l'excuse au moins en nous la montrant inévitable. Quand vous dites au peuple que la bataille est inévitable, vous le poussez à cette bataille, et quand un philosophe déclare qu'il est impossible que la lutte des classes cesse jamais, il l'encourage à persévérer dans la lutte des classes.

Quoique les doctrinaires auxquels j'ai fait allusion aient créé un certain mouvement philosophique socialiste, ils ont été combattus par un grand nombre de leurs amis et alliés. Et je vous disais tout à l'heure que, quand vous ne serez plus là, le pays sera livré à la brutalité même; ce jour-là nous serons en pleine décadence.

Un grand philosophe, parlant de l'évolution bien longtemps avant Karl Marx qu'il avait peut-être pressenti — Pascal — a dit de l'évolution, qu'elle était une condition nécessaire de la vie de tous les êtres. Or, qui dit évolution dit transformation en bien ou en mal, et il ajoutait que la décadence est nécessairement comprise dans l'évolution.

Or, cette évolution de Karl Marx, qui aboutit à la brutalité et à la barbarie, me paraît être une évolution dans le sens de la décadence. *(Très bien! très bien! au centre.)*

Je ne voudrais pas m'étendre sur des questions de cet ordre, et je crois que j'en ai dit assez pour vous montrer que le système financier qui repose uniquement sur la perception des impôts nécessaires, qui ne se préoccupe de la situation des contribuables qu'au seul point de vue de leur solvabilité et du payement de leurs impôts, est une doctrine absolument différente et même contraire à la doctrine qui ne s'occupe des impôts que pour modifier la répartition des richesses entre les citoyens d'un même pays.

Je ne pense pas qu'on puisse nier, pas plus en fait qu'en doctrine, que l'instrument de la péréquation ou de la meilleure répartition de l'impôt, conçue dans le sens libéral dont je viens de parler, est la proportionnalité; tandis que l'instrument pour ainsi dire nécessaire, et en tout cas, s'il n'est pas nécessaire, le plus utile à la doctrine socialiste, c'est la progression.

Il faut donc écarter la progression, même modérée, toutes les fois qu'on peut s'apercevoir — et aujourd'hui ce n'est pas bien difficile — qu'à côté des partisans d'une progression peut-être modérée, que vous établissez aujourd'hui, il y en a d'autres qui guettent la proclamation du principe de la progression pour l'appliquer à un second et même à un troisième impôt, et cela sans aucun souci de la modération.

Avec la progression nous donnerions aux socialistes la clef de notre maison, et un jour il paraîtrait peut-être commode à ces socialistes de tourner la clef et d'ouvrir la porte pour voir ce qu'il y a dans la maison.

Les deux politiques que j'ai définies sont contradictoires : qui quitte l'une sert l'autre.

Aujourd'hui, les socialistes trouvent commode de voir sur ces bancs un gouvernement qui n'est pas socialiste mais qui fait leurs affaires. Et puis c'est si

agréable de protéger un ministère ! c'est
si commode d'être en même temps tout
près de ce banc ministériel sans avoir
de responsabilité et de dicter aux ministres ce qu'ils doivent faire, que je
comprends qu'il soit tentant pour vous
de prolonger la situation. Hier vous nous
avez montré ce que vous pouviez et saviez
faire avec une souplesse qui nous a frappés,
d'autant plus que nous ne l'avons généralement pas. *(On rit.)*

Avec une souplesse, dis-je, que j'ai
admirée au point de vue de l'art, vous
nous avez montré que vous sauriez main-
tenir aussi longtemps que vous le voudriez
cette situation nouvelle. Je ne crois pas,
néanmoins, qu'un pareil jeu politique
puisse durer lontemps, parce qu'il y a sur
les bancs du ministère des hommes de
grande valeur et qui ne peuvent manquer

de s'apercevoir de votre manœuvre. Ils en
seront las un jour. Ce jour-là, je l'attends
avec patience. Alors vous ne pèserez pas
bien lourd et je vous prie de croire que
nous nous servirons de notre liberté d'action, qui n'est pas entière en ce moment,
et que nous reconstituerons une majorité.

M. JULES GUESDE. — Nous ne deman-
dons rien au ministère.

M. LÉON SAY. — Je le crois bien ! Vous
lui imposez tout ! *(Rires et applaudissements
au centre.)*

M. JOURDE. — Nous ne nous savions
pas si puissants.

M. JULES GUESDE. — C'est de la sug-
gestion à distance, en tout cas !

M. LÉON SAY. — Il me semble que
j'avais bien le droit de faire un exorde;
j'ai seulement abusé de mon droit; il

faut absolument que je rentre dans mon sujet qui est l'impôt successoral.

M. PAUL DOUMER, *ministre des finances*. — Parlez! vous êtes fort intéressant.

M. LÉON SAY. — Je suis flatté, monsieur le ministre, de vous intéresser et j'attends votre réponse avec beaucoup d'impatience.

Revenons à la réforme dont il est question aujourd'hui...

M. CHARLES ROUSSE (Var). — Et que voulait M. Poincaré.

M. LÉON SAY. — Si je devais la réforme de la déduction des dettes à M. Poincaré, je lui en ferais mes plus sincères compliments, je vous prie de le croire.

M. CHARLES ROUSSE (Var). — D'une façon générale!

M. LÉON SAY. — Générale et particulière. *(On rit.)*

On vous propose aujourd'hui de faire

une réforme qui est dans le cœur et dans l'esprit de tout le monde.

On nous affirme que cette réforme, loin de coûter au budget, doit au contraire lui apporter des ressources.

Nous nous sommes fait beaucoup d'illusions sur la possibilité d'accomplir des réformes qui se suffisent à elles-mêmes. C'est, en effet, une grande illusion, quand on a préparé une réforme se suffisant à elle-même par une péréquation, de s'imaginer que cette réforme puisse devenir la source de quelque dotation en sus, au profit d'une autre réforme. Nous ne pouvons pas nous dissimuler, quand nous faisons une péréquation par abaissement d'une part, et relèvement d'une autre, que nous perdons l'impôt supprimé, que nous sommes sûrs de diminuer par là nos ressources, tandis que nous ne connaissons pas exactement l'étendue de ce que nous allons d'autre part, gagner. Il y a un aléa, une chance. On nous dit qu'il est possible de calculer d'une façon suffisamment approximative la perte qui résultera de la déduction des dettes : je le veux bien ; mais, enfin, ce sera toujours un calcul très approximatif, et c'est toujours une perte certaine. Tandis que ce que vous gagnerez par l'exhaussement du droit sur d'autres contribuables est inconnu. Vous avez, d'un côté, le certain que vous abandonnez au contribuable, et, de l'autre, l'approximatif, que vous espérez obtenir de lui. Quant à supposer qu'il puisse rester quelque chose en plus, il faut bien se dire qu'il est très imprudent d'y compter ; c'est une hypothèse qu'une réforme qui se paie elle-même, tandis que la réalité c'est le besoin, pour réussir, de trouver des excé-

dents dans les recettes générales du budget.
Mais comme il n'y a pas d'excédents budgétaires, il est sûr qu'on se heurtera à des mé-
comptes et que le résultat sera exactement
l'opposé de ce qu'on paraît en attendre.
On peut, dans une certaine mesure, pour
faire une réforme très intéressante, mais
restreinte, escompter pour ainsi dire les
plus-values de l'avenir. Mais, aujourd'hui,
il n'est pas un seul membre de cette
Chambre qui puisse avoir la pensée d'escompter les plus-values budgétaires de
l'avenir. Cette fraction de ressources, plus
ou moins cachées, plus ou moins avérées,
plus ou moins occultes, qui figurait à l'actif
des anciens projets de réformes considérées
comme se suffisant à elles-mêmes, cette
fraction disparaît aujourd'hui absolument.
Elle n'est ni en ligne ni en espoir. On a
épuisé toutes les réserves des budgets et tout

ce qui pouvait rester à liquider au profit des budgets dans les balances du Trésor.

Que trouvons-nous dans le projet qui est en discussion? On n'ose pas se borner à une seule réforme et, après avoir envisagé un groupe de contribuables qui va profiter d'une première réforme, on se demande pourquoi on ne ferait pas profiter aussi un second groupe de contribuables d'autres réformes non moins intéressantes que la première? C'est pourquoi, afin d'étudier ces réformes complémentaires, la commission du budget de 1895 s'est donné les attributions de toutes les commissions spéciales que vous avez ou que vous pourriez avoir nommées, pour étudier la réforme des droits sur l'enregistrement et de certains autres impôts. C'est ainsi qu'on nous proposera, sans doute, de réaliser des plus-values en introduisant dans la loi, des perceptions nouvelles à obtenir par l'établissement d'impôts nouveaux qui, si étudiés qu'ils soient par nos honorables collègues de la commission du budget, ne peuvent pas l'être avec cette compétence que des hommes spéciaux pourraient y apporter.

J'en conclus qu'il faut renoncer à trouver, dans la réforme que nous sommes prêts à voter, un excédent au profit du budget, et qu'il faut confier à la commission du budget de 1896 le soin de chercher cet excédent.

Notez que je ne suis pas seul de mon avis : la commission du budget de 1896 me donne raison, car elle a fait figurer pour rien le produit de la déduction des dettes dans les ressources du budget prochain.

M. LE MINISTRE DES FINANCES. — Comment?

M. LÉON SAY. — Oh! je sais bien qu'il y a un chiffre; mais, moi, je ne me laisse pas éblouir par les chiffres. *(On rit.)* Oui, il y a un chiffre de onze millions qui forme, dit-on, un excédent et qui sera employé à amortir des obligations à court terme; mais qui nous dit, une fois ces obligations à court terme amorties, qu'on n'en émettra pas de nouvelles? Ce n'est pas là un amortissement qui puisse compter, un amortissement réel; c'est un simple jeu d'écritures, sans aucune importance pour le budget.

M. LE MINISTRE DES FINANCES. — Laissez-moi vous dire que vous commettez une erreur matérielle.

M. LÉON SAY. — Vous me rectifierez, monsieur le ministre, nous vous entendrons; nous entendrons aussi la commission du budget; mais je n'admets pas que, dans un budget comme celui de 1896, vous ayez la prétention, alors que vous êtes obligé de trouver des ressources extraordinaires pour balancer vos dépenses, que vous ayez, dis-je, la prétention de prélever sur une réforme d'impôt un excédent réel, capable d'amortir, en la faisant disparaître, telle ou telle partie de la dette à court terme. Et même en admettant qu'un excédent se réalisât, vous rembourserez peut-être quelques obligations; mais quand vous aurez employé onze millions à les rembourser, je suis bien sûr que cela ne vous empêchera pas d'emprunter tout de même onze millions sous une autre forme. Il est impossible qu'il en soit autrement, puisque votre déficit ne se montre pas tout entier. Vous ne pouvez prétendre amortir avec le produit de la déduction des dettes, et il est plus sage de vous contenter de payer la réforme par elle-même, sans y chercher la dotation d'un amortissement. *La commission n'a porté l'excédent possible de la réforme au crédit de l'amortissement que parce que c'est là le crédit le plus facile à faire disparaître.*

Il est très grave de fonder des espérances *de ressources dans un impôt* à percevoir sur un corps de contribuables aussi restreint que celui qui paye les droits successoraux. *Je ne parle pas de* l'intérêt, direct ou indirect, mais bien plutôt direct, de ceux dont la fortune va passer entre les mains de leurs héritiers ; mais enfin, combien compte-t-on d'héritiers? 1 500 000. C'est donc à 1 500 000 contribuables que vous demanderez ces onze millions destinés à l'amortissement. Je trouve que ces 1 500 000 contri-

buables offrent une base extrêmement
étroite et qu'il vous sera bien difficile d'en
tirer un parti productif. Vous avez 85o ooo
décès annuels et 5i6 ooo successions;
la population qui profite de ces 5i6 ooo
successions, d'après les calculs de l'enregistrement, monte à i 5oo ooo têtes. Mais
en dehors de ces i 5oo ooo têtes, il y a
36 millions et demi d'autres Français. Vous
cherchez à faire une grande opération sur
ces i 5oo ooo personnes, en dehors des
36 5oo ooo autres qui existent en France;
je ne dis pas que ce soit une utopie; mais
c'est une difficulté si grande que c'est
presque une impossibilité. C'est sur un
très petit nombre de contribuables que
vous serez obligés de faire peser les charges
de votre opération. Et encore vous ne
vous bornez pas à les prendre dans des
conditions que j'appelle naturelles, —

j'appelle naturels les droits proportionnels,
— mais vous avez la prétention de les atteindre par le système progressif. Or, par le
système progressif, il est évident que vous
faites entrer dans les caisses de l'État
une somme qui ne sera pas en rapport
avec le revenu annuel de l'héritage, et
qu'ainsi vous absorberez nécessairement
au profit de l'État une portion du capital
même de la fortune transmise. Pour moi,
je trouve qu'il est toujours mauvais pour
une nation d'absorber le capital des citoyens au profit des dépenses budgétaires.
C'est un mal. Si ce mal ne s'étend pas
trop, nous pouvons nous résoudre à en
prendre notre parti; mais s'il doit s'étendre par le système de la progression, je
vous supplie de résister.

Vous aimez beaucoup parler des anciens
économistes; je l'aime également, et j'en

parle aussi beaucoup. Je ne voudrais pas revenir sur l'histoire des doctrinaires socialistes; mais elle m'intéresse, et je lis leurs écrits dès que j'ai un moment à moi. Je trouve donc naturel qu'on étudie les anciens économistes et qu'on prenne leurs doctrines pour point de départ de sa discussion; mais je fais cette réflexion que les socialistes n'ont pas d'imagination...

M. JULES GUESDE. — Les chimistes non plus!

M. LÉON SAY. — Les chimistes non plus, dites-vous? Mais les chimistes, eux, font de grandes choses. (*Rires sur un grand nombre de bancs.*)

M. JULES GUESDE. — Quand nous aurons le gouvernement, nous ferons de grandes choses.

Et puis, qu'est-ce que c'est que l'imagination dans la science? Dans l'art, oui ; mais pas dans la science.

M. LÉON SAY. — Je vais vous en donner des exemples, dans la science économique et sociale...

M. JULES GUESDE. — Alors c'est de l'art! C'est de l'économie politique bourgeoise! *(Rires à l'extrême gauche.)*

M. LÉON SAY. — Je ne dis pas que la science économique et la science sociale ne doivent pas se préoccuper de l'art, qui est la pratique de toutes les sciences, et je ne tiens pas d'ailleurs pour le moment à vos expressions d'art ou de science. Mais je tiens au fait, qui est celui-ci : il y a eu des doctrines économiques, des principes posés, et vous savez tous, messieurs, et les chimistes le savent aussi que, quand un principe est poussé à l'absurde, il ne produit que de mauvais résultats, Or, les

socialistes, prenant un certain nombre de
lois découvertes par les grands économistes du xviii° siècle, alors que la science
économique était jeune et simple, poussent
leurs principes jusqu'à l'absurde et s'é-
crient : « Tous ces gens-là étaient absurdes ».

Si je suivais le même procédé à votre
égard, j'aurais le droit de dire en raison
de certaines conséquences, que je trouve
peut-être passablement absurdes de vos
théories et qui peuvent être relevées parfois dans vos actes, j'aurais, dis-je, le
droit de dire aussi que vous êtes absurdes ;
mais je n'ai pas cette impolitesse. *(On
rit.)*

Il est certain que je n'ai rien vu dans
ces grands socialistes morts qui ne soit
autre chose que d'avoir poussé à l'absurde
des idées qui ne sont pas d'eux, et, pour

ma part, je ne trouve pas que ce soit de cette manière qu'on puisse constituer une science. *(Nouveaux rires au centre.)*

Un des économistes distingués du com mencement du siècle, et dont les idées se sont trouvées peu orthodoxes, — j'emploie cette expression dans le sens où j'ai l'habitude de l'employer, — Bentham disait : Il est vraiment bien malheureux qu'on détruise des capitaux, et l'État, par ses impôts, détruit des capitaux; c'est très mauvais. Il faut, si tel est le cas, que la nation rende productif le capital qu'elle a pris, par l'impôt, à des particuliers. Il y aura des capitaux dans la nation qui continueront à être productifs au profit de l'État au lieu et place des particuliers qui les utilisaient pour leur compte auparavant.

Ce n'est donc pas vous qui avez inventé

4

le socialisme d'État, ni la nationalisation du sol. Ces doctrines ont été formulées bien avant vous. Et il en est ainsi de toutes celles sur lesquelles vous fondez votre science socialiste.

C'est pourquoi je considère qu'il faut prendre toutes les précautions possibles pour ne pas laisser absorber par les impôts successoraux une portion trop forte du produit net annuel de l'héritage.

Je voudrais pouvoir ici vous répéter une conférence qui nous a été faite sur ce sujet, il y a quelques jours, par un de nos collègues. Vous verriez à quel point il est dangereux de rendre obligatoire la mise en vente d'une propriété par suite de l'impossibilité où cette mise en vente met un héritier de payer les droits de succession avec les revenus de son héritage. *(Très bien! très bien! au centre.)* C'est là un danger très grave, qui doit être compris dans cette Chambre par tout le monde. L'obligation de vendre, qui résulterait de tarifs excessifs, — et vous savez qu'il est bien plus facile d'arriver à un tarif excessif par la progression que par la proportion, — la mise sur le marché d'un certain nombre d'immeubles qui, sans les droits excessifs, n'auraient pas été vendus, crée une catégorie de vendeurs qui ne trouvent pas tout de suite leur contre-partie. *(Très bien! très bien!)* Vous savez, vous l'avez bien vu — vous n'avez qu'à lire les journaux financiers — ce que c'est qu'un krach en baisse sur les valeurs : c'est quand les vendeurs ne trouvent pas d'acheteurs faisant leur contre-partie sur le marché général. Il se produit alors un effondrement.

Remarquez que nous sommes en France dans une situation particulière. On a

quelquefois évoqué devant cette Chambre
l'exemple de l'Angleterre. J'aime beaucoup
l'histoire de l'Angleterre, elle est extrêmement intéressante, elle contient bien des en-
seignements dont vous pourriez profiter.
(On rit.) Pourquoi ne faites-vous pas, par
exemple, ce que les Anglais appellent des
bills d'attender, c'est-à-dire la prise à partie d'une personne qu'on exclue de la
Chambre; à laquelle on enlève ses droits
politiques en lui disant : Nous pronon-
çons contre vous un jugement! On l'a
fait en Angleterre, et bien d'autres choses
encore. Un ministre radical anglais a fait
voter récemment une loi sur les successions avec un tarif progressif bien autrement dur que celui de la loi que nous
discutons aujourd'hui.

A l'extrême gauche. — Eh bien! alors?

M. LÉON SAY. — Eh bien! alors! Voilà!

Ce qui se fait en Angleterre, on nous dit :
Faites-le ! Ce qui se fait en Allemagne :
Faites-le encore ! Prenons alors les législa-
tions anglaise, allemande, belge, suisse,
mêlons-les et il en sortira une législation
nationale admirable, absolument française,
vous pouvez le croire.

Quant à moi, j'aime mieux que nous
conservions notre esprit national, notre
situation nationale, notre fortune nationale. *(Applaudissements au centre.)*

En Angleterre, tous les statisticiens —
et je ne dis pas de mal des statisticiens.
j'en connais beaucoup et je sais avec quelle
véracité et quels scrupules ils travaillent
—affirment, et je crois que leur affirmation
a été prouvée, que l'ensemble de la
richesse anglaise est plus élevé que l'ensemble de la richesse française. Cela ne
fait de doute pour personne. On exagère

4.

d'ailleurs généralement le nombre de milliards que possèdent la France ou l'Angleterre.

Un de nos collègues a émis des chiffres
que je pourrais contester, s'ils étaient re-
produits. Mais enfin, regardez donc ce
qu'il y a de particulier dans la décompo-
sition de cette fortune. Si vous décom-
posez les valeurs anglaises du capital
anglais, vous trouvez que l'Angleterre
possède, en propriétés immobilières et
foncières, un capital immobilier et foncier
à peu près de moitié inférieur au capital
que nous possédons en France, soit environ
95 milliards pour le capital immobilier
de la France et 50 milliards pour le capital
immobilier de l'Angleterre alors que le
capital total de l'Angleterre dépasse celui
de la France d'une soixantaine de milliards. De sorte que quand l'Angleterre

fait une loi qui peut être nuisible à la propriété immobilière, je ne dis pas qu'elle n'ait pas tort ; mais enfin elle atteint, dans le sens absolu et dans le sens proportionnel, une valeur beaucoup moins forte et un corps de contribuables beaucoup moins étendu, que ne ferait la France en l'imitant ; cela est vrai absolument et relativement.

Aussi, vous dirai-je, si en Angleterre, on commet cette faute, c'est une faute bien moins irrémédiable que celle que vous commettriez en France en frappant de la même façon le capital français, car il est dans une beaucoup plus large proportion qu'en Angleterre, représenté en France par la terre.

Je voudrais que vous entendissiez les hommes compétents, que j'ai entendus il y a huit jours, vous dire du haut de la tribune ce qu'ils nous ont dit tout près de cette salle. Je suis convaincu que vous-mêmes vous n'auriez plus d'hésitation, à moins que vous ne soyez dans un état d'esprit à dire : Nous ne prendrons pas la totalité aujourd'hui, cela nous est égal; il nous suffit d'être sur le chemin. Je suis même persuadé que si le collectivisme était au pouvoir, il ne prendrait pas tout, parce qu'il sait que ce serait soulever contre lui une telle réprobation, qu'il ne pourrait espérer durer plus de vingt-quatre heures. Il faudrait qu'il mît de l'art dans sa politique, et il en mettrait certainement. Je ne crains donc pas qu'il prenne la totalité, mais je crains qu'il se mette sur le chemin.

Je veux m'arrêter là. Je ne veux pas entrer dans de trop larges développements. Cependant, j'aurais bien encore quelques mots à vous dire : il s'agit d'un détail. *(Parlez! parlez!)*

Je trouve qu'il est assez grave de donner une satisfaction à ceux qui ont des dettes, en aggravant la position de ceux qui n'en ont pas.

Il y a là quelque chose qui froisse le sentiment de la justice, et si vous êtes obligés, par suite des nécessités de la péréquation, de faire une opération de ce genre, il faudrait au moins que vous la fissiez avec une extrême modération. En tout, je suis pour la modération. *(Bruit.)*

Cela vous étonne, parce que vous ne le comprenez peut-être pas beaucoup.

Sur divers bancs. — Mais non ! Mais non !

M. JOURDE. — Nous connaissons la modération des modérés.

M. LÉON SAY. — Je suis enchanté que cela ne vous étonne pas : cela ne m'étonne

pas non plus que vous pensiez le contraire de ce que je pense.

M. COUTANT. — Nous sommes presque
d'accord.

M. LÉON SAY. — Il n'y a pas de doute
que la modération corrige les inconvé-
nients les plus graves en toutes choses.
Voyez les découvertes extraordinaires que
l'on fait en ce moment en électricité.
On vous fait passer à travers le corps des
courants dix, vingt, cent, mille, deux
mille fois plus forts que ceux avec lesquels
on tuait auparavant, et vous ne vous en
apercevez pas. A quoi cela tient-il? A ce
que le courant passe très vite. Vous n'avez
qu'à passer rapidement votre main dans une
flamme, vous n'êtes pas brûlé. Si nous
passons très rapidement à travers le socialisme, nous n'en souffrirons pas. *(Rires et
applaudissements.)*

Enfin je me borne, pour conclure, à formuler cette dernière opinion : il faut de la modération, et il y a quelque chose de tout à fait contraire à la modération, c'est de céder tout de suite et avec une sorte d'entrain.

Vous avez en mains le gouvernement, messieurs les ministres, ne résistez pas, puisque ce n'est pas dans votre nature *(On rit)*; mais cédez le moins que vous pourrez, pour continuer à rester maîtres et à diriger le pays. Craignez de ne pas diriger.

Vous savez bien que c'est déjà un danger que de laisser le pays sans direction. Les administrations se désorganisent très vite quand elles ne sont pas dirigées. Si vous restez dans la situation d'expectative où vous êtes, de peur de mécontenter ceux qui vous protègent, le pays sera absolument désorganisé d'ici à peu de temps, et quand plus tard vous voudrez reprendre les fonctions qui vous appartiennent véritablement, vous vous apercevrez que vous n'êtes plus le Gouvernement. Vous serez tombés, sans vous en être aperçu, du siège sur lequel vous étiez assis et vous y trouverez installés, à votre place, les pires ennemis de notre pays, les partisans de doctrines plus avancées que toutes celles qui peuvent être représentées sur les bancs de cette Chambre.

Vous créez dans la nation une situation d'anarchie qui est très dangereuse pour la nation elle-même, pour notre vie intérieure, mais qui est mortelle pour notre situation en Europe. Une grande nation comme la nôtre ne peut — je cherche mes mots parce que je ne voudrais rien

exagérer — dans l'état incertain et extraordinaire où se trouve en ce moment l'Europe, une grande nation comme la nôtre,
dis-je, ne peut se livrer à des expériences
sur elle-même sans être absolument ab-
sente de ce qui se passe dans le reste
du monde. *(Applaudissements prolongés et
répétés au centre et à droite. — L'orateur,
de retour à sa place, reçoit des félicita-
tions.)*

DISCOURS

DU 3o NOVEMBRE 1895

MESSIEURS,

Notre vie académique a été rarement
aussi intense que cette année, quoiqu'elle
se soit fort peu répandue au dehors.

C'est, d'ailleurs, notre habitude de ne
travailler que la porte entr'ouverte. Une
fois par an seulement, comme aujourd'hui,
nous siégeons sous cette coupole. Entou-
rés de nos confrères des autres Académies,
nous nous mettons en rapport avec le
monde extérieur, et, en rendant nos

comptes, nous racontons, toutes portes
ouvertes, cette fois, les mystères de nos
comités secrets et de nos discussions intérieures.

Nos sections et nos commissions mixtes
ont eu à juger des concours nombreux,
moins nombreux peut-être qu'à l'ordinaire, puisque notre Section d'histoire
n'a pas eu à nous proposer de prix, mais
particulièrement intéressants.

Les études que nous avons faites des
mémoires et des livres qui nous ont été
soumis ont été très laborieuses, et j'ose
dire, sans crainte d'être démenti par tant
de témoins qui siègent autour de moi,
que certaines de nos discussions en séances
générales fermées au public ont pris, cette
année, des développements dont nous pour-
rions être fiers.

La raison de ce surcroît d'activité n'a

rien d'étonnant. Les sciences auxquelles
nous nous sommes voués sont dans une
sorte d'agitation. Leur nature, nous le
savons, est de se transformer sans cesse,
et, à la dernière heure du siècle, nous
avons nécessairement à nous demander
comment elles paieront le tribut qu'elles
doivent à leur nature. Il faut reconnaître
que c'est sous les yeux du socialisme
qu'elles vont poursuivre leur transformation. Nous n'avons ni à nous en étonner,
ni à nous en plaindre, mais nous avons
à nous en préoccuper. Telle est la raison
qui me porte à vous parler du socialisme
en commençant et à en faire l'objet principal de ce discours.

Comme toutes les autres sciences, celles
que nous cultivons avaient jusqu'à ce jour
apparu aux générations nouvelles, parées
de plus en plus richement des présents

dont elles avaient été comblées par les gé
nérations précédentes, et c'est avec reconnaissance que notre génération en avait
profité.

Cette reconnaissance paraît aujourd'hui
lourde à quelques jeunes gens. Loin de
savoir gré à leurs devanciers de leurs
efforts passés et de s'en servir pour faire
des progrès nouveaux, une partie de la
jeunesse y reste indifférente. Il y en a
même qui considèrent comme une au-
dace heureuse le parti pris de rompre
les liens qui, depuis que la science a une
histoire, n'ont jamais cessé d'unir le passé
au présent et à l'avenir. C'est quelque
chose comme l'abolition de l'héritage dans
cet ordre d'idées.

Il est de mode, en effet, chez quelques
jeunes gens, de regarder comme des
efforts stériles et des résultats négligea-

bles tout ce qui date d'autrefois, et particulièrement tout ce qui a été fondé sur des principes et a engendré des doctrines. Quoique peu nombreux ils font du mal, car leur mépris des principes est un encouragement aux désordres sociaux.

Cette poignée de sceptiques compose l'avant-garde du socialisme. Inconsciente ou non, elle en est la complice. Elle fait une trouée par laquelle les socialistes essayent de passer. Encore si ces jeunes sceptiques étaient les seuls à faire cette mauvaise besogne, mais il y en a beaucoup d'autres plus inconscients qu'eux et dont l'aveuglement est égal. Ne peut-on pas dire que ce sont aussi des complices, quoique à des titres différents, les professeurs allemands ou socialistes de la chaire, les socialistes chrétiens, et enfin cette foule bigarrée de gens qui parlent de ces choses sans y rien connaître et en badauds des boulevards ?

Les socialistes pour de bon acceptent sans se scandaliser tous les concours, ceux des gens à principes, et ceux des gens qui disent bruyamment n'en point avoir, et cependant on ne peut pas dire de ceux d'entre eux qui mènent la campagne, qu'ils ne sont pas doctrinaires. Ils le sont, au contraire, et ils s'en vantent à très haute voix ; mais ils sont en même temps des politiques très avisés, et, comme tels, toujours prêts à se servir, à titre d'auxiliaires, méprisés, au fond, de tous ceux qui nient les doctrines des autres. C'est une tactique, et, par cette tactique, ils espèrent arriver à ruiner plus vite les principes régnants. Ils essayent de faire balayer la place sur laquelle ils installeront plus aisément, après qu'elle aura été nettoyée, leur doctrine de gouvernement. Il n'y a en effet qu'à les écouter pour apprendre qu'ils ont les plus grandes prétentions à la doctrine et même à une doctrine qui embrasse tout, car elle prétend être à la fois philosophique, scientifique et historique. Pour eux, la société est un être organisé vivant, identique à tous les points de vue aux individus vivants dont est formé le genre humain. Cet être collectif est soumis à une loi de développement qu'ils connaissent, dont l'histoire leur a permis, à eux seuls, de saisir le véritable sens. En conséquence de l'évolution fatale qui est pour eux la loi de l'humanité, les individus sont poussés à se fondre dans la société, de même que les moindres filets d'eau sont poussés invinciblement par la loi de la gravitation universelle à se perdre dans l'océan.

5.

L'histoire pourrait cependant être interprétée fort différemment. On peut y lire très clairement, ce nous semble, que l'homme, confondu d'abord avec les autres hommes dans la société animale humaine, s'est affranchi par un travail intellectuel et musculaire qui a duré des siècles. Il n'a cessé de faire partie d'un troupeau, tout en restant un être social, que le jour où il a pu et su dégager sa personnalité et l'affirmer en la développant.

Les vrais socialistes sont des doctrinaires panthéistes et évolutionnistes. Benoît Malon, leur philosophe et leur historien, l'a affirmé en mourant : « Je meurs, a-t-il dit, dans ma foi panthéiste, évolutionniste et socialiste. » Les maîtres dont Benoît Malon a écrit l'histoire se sont, en effet, appliqués à propager cette foi, et, aux yeux des disciples fort naïfs, à mon sens, de Karl Marx, la plus grande découverte que ce père du socialisme contemporain ait faite pour le bonheur de l'humanité, c'est que l'histoire n'est qu'une suite de combats de classes livrés pour la satisfaction d'intérêts économiques. Nous sommes donc obligés, en vertu de cette loi de l'histoire, de vivre dans des combats incessants, de poursuivre à outrance une lutte qui aboutira fatalement au triomphe et à la domination de celle des classes qui est la plus nombreuse et dont les intérêts économiques seront satisfaits. Cette classe est celle des ouvriers. Elle absorbera toutes les autres et, toujours poussée par la loi invincible de la gravitation universelle, entendue dans sa plus haute généralité, elle finira par s'absorber elle-même, un jour, dans le grand tout de la Société.

Karl Marx était un Allemand, issu de rabbins. Il est le descendant d'une longue suite d'hommes dont la subtilité n'a jamais été dépassée [1]. Toute sa vie a été consacrée à ratiociner dans un perpétuel mouvement de la pensée.

Rien n'est plus doctrinal que son socialisme scientifique ; c'est une doctrine proclamée nécessaire pour que l'histoire ait un sens. Rien n'est plus semblable à l'exégèse la plus pénétrante, que la mé-

[1]. Karl Max est né à Trèves, le 5 mai 1818. Comme Lassalle, comme tant d'hommes distingués de ce temps il était de pure race juive. Son arbre généalogique donne, en ligne directe, jusqu'au XVI° siècle une série ininterrompue de rabbins, dont plusieurs laissèrent une réputation de théologiens savants. Le nom de famille, Mordechaï (Mardochée), fut supprimé par son grand-père. Son père, avocat au tribunal de Trèves, se fit baptiser quand la ville passa de la domination française sous celle de la Prusse, en 1814, par ce motif, dit-on, qu'il aurait dû, sans cela, renoncer à une profession libérale interdite aux gens de sa race.

thode qui l'a conduit à découvrir dans
la philosophie de Hegel l'origine de son
socialisme scientifique. « Sans la philosophie allemande, écrivait Engels, l'ami et
le collaborateur de Karl Marx, surtout
sans la philosophie de Hegel, le socialisme
allemand, le seul scientifique qui ait
existé, ne se serait jamais produit. »

Nous autres Français, si peu Allemands
d'esprit, nous avons mis bien du temps,
trop de temps peut-être, à comprendre la
menace qui est renfermée dans cette parole. Et cependant, dès les premiers jours
du gouvernement de Juillet, Henri Heine,
cet Allemand qui ne se comprenait bien
que quand il écrivait en français, cet ami
et ce confident de Marx et de Lassalle,
disait déjà d'eux qu'ils étaient « de grands
logiciens sortis de l'école de Hegel », et
que l'avenir leur appartenait; et il osait

accompagner sa prophétie de ces tristes paroles : « La propagande du communisme possède une langue que chaque peuple comprend. Les éléments de cette langue universelle sont aussi simples que la faim, que l'envie, que la mort; cela s'apprend si facilement ! »

Le mouvement dont Henri Heine appréciait il y a plus d'un demi-siècle, avec une si rare divination, l'importance et la fureur, n'a pas beaucoup changé de nature : il s'est simplement accéléré en se propageant sous des formes variées. Il a des voies différentes comme il a des aspects différents ; mais tous ceux qu'il a entraînés ou qu'il entraîne peuvent être confondus dans l'appellation générale de socialistes. Les uns sont plus révolutionnaires, plus possibilistes, plus collectivistes, plus socialistes d'État, plus positivistes, plus doctrinaires ; mais on peut les reconnaître tous à ce signe, que, pour la propagande de l'évolution fatale, ils se servent de cette langue dont Henri Heine a dit qu'elle était « aussi simple que la faim et que l'envie ».

Le nom générique de socialistes leur convient aux uns et aux autres parce que tous se font gloire de sacrifier l'individu à la société. Pour rendre l'homme heureux, ils l'annulent ; ils l'étouffent sous la tyrannie sociale et ils le consolent en lui offrant à titre de récompense un panthéisme où chacun d'eux se résout en Dieu. Leurs grands adversaires, ou plutôt leurs seuls adversaires, sont les individualistes, parce que ceux-là veulent conserver à l'homme son âme, son honneur et sa gloire, et qu'ils cherchent à sauver la personnalité qu'endort et emprisonne le socialisme dans une ruche ou dans une fourmilière animale. Notre conscience morale et notre science de la vie nous font repousser ce dilemme d'abaissement ou d'orgueil : *Brute ou Dieu*.

Il est difficile de se représenter comment les adulateurs du *fait*, contempteurs des *principes*, ou les dévots d'une *évolution fatale*, contempteurs de la conscience et du libre arbitre, peuvent espérer, sur un tel amas de négations, édifier un ordre humain nouveau, une société humaine transfigurée, avec des lois morales et politiques inconnues jusqu'ici, qui seraient promulguées par des parlements pour le bonheur du plus grand nombre, et qui auraient pour effet d'abolir le mal et de faire régner la justice.

Schæffle n'a pas réussi, dans sa *Quintessence du socialisme*, à construire sur le

plan de Karl Marx le monument de la cité
future, quoique, dans cette œuvre remarquable, il ait fait un grand effort pour
arriver à la précision. Il a beau combiner
les moyens de régler la production et la
consommation; de supprimer la monnaie
et de prendre pour mesure de la valeur *le
temps du travail*; de répartir ou de distribuer les produits sociaux « de tous à tous
en raison de la valeur d'usage social du
travail de chacun », il arrive toujours à
une inconnue qu'il ne peut dégager, et
qui résulte de l'inégalité physiologique et
mentale des individus. Les doctrinaires du
socialisme ont fini par se décider à élimi-
ner cette inconnue grâce à l'action qu'exer-
cera le *milieu*. L'homme sera transformé
par le nouveau *milieu* que dégagera autour
de lui, comme une vapeur embaumée, la
société nouvelle. C'est alors que la nature

de l'homme changera, et que les inéga-
lités physiques et morales, sources de
tant de maux, disparaîtront à tout jamais.

Mais quelles que soient les obscurités
des prophéties du socialisme, quels qu'aient
été les échecs des Icaries des Cabet de
notre temps et des temps anciens, il y
aura toujours, comme il y a toujours eu,
des oreilles pour écouter le récit des inventions chimériques, ces contes de fées des
grands enfants humains.

On répétera à satiété que les classes
ouvrières peinent dans le monde capitaliste, exclues des jouissances de la civilisation, *de par les lois* que les sciences
morales et politiques ont édictées pour
faire obstacle à l'égalité et pour livrer les
pauvres à l'exploitation des riches.

On leur dira que leur revanche est à
portée de leurs mains et qu'il leur suffirait

de le vouloir pour réaliser la société future
où l'égalité ne sera plus un vain mot, qu'il
s'agisse de l'égalité dans la richesse ou de
l'égalité dans la misère. « Nous consen-
tons à tout pour elle, disaient les *Égaux*
de Babœuf, à faire table rase pour nous en
tenir à elle seule. Périssent, s'il le faut,
tous les arts, pourvu qu'il nous reste l'égalité réelle! Peuple de France, ouvre tes
yeux et ton cœur à la plénitude de la félicité ! Reconnais et proclame, avec nous, la
République des Égaux! »

Notre Académie a voulu inviter ses
collaborateurs du *dehors*, ceux qui suivent
ses concours et se disputent ses prix, à ré—
fléchir à ces tristes rêveries, revêtues d'un
manteau prétendu philosophique, et à dé-
voiler tout ce qu'elles recèlent de chi-
mère et de déception. Nous les avons
engagés à entrer dans la lutte pour rendre

confiance à ceux qui croient encore que
les principes éternels et les lois naturelles
ne sauraient être abrogés par l'insertion
d'un décret au *Journal officiel*. C'est pour
cette raison que nous avons mis au concours, sur la proposition de notre Section
de philosophie et de notre Section de
morale, la personnalité humaine, le socialisme français contemporain, le positivisme et la responsabilité morale.

Les réponses ont malheureusement été
rares et insuffisantes, pour plusieurs raisons. Les sujets étaient difficiles et vastes
et de nature à être traités dans des livres
plutôt que dans des mémoires. Il faut l'a-
vouer aussi, nous ne sommes pas encore
prêts. La jeunesse libérale est en retard;
elle ne sait pas suffisamment l'histoire
philosophique et morale des dernières années, et elle n'a pas en mains toutes les

armes dont elle devrait pouvoir disposer. Aussi lira-t-on sans doute avec plus d'intérêt l'œuvre de nos rapporteurs que celle des concurrents qui se sont disputé nos prix.

Le travail de nos rapporteurs a été lu et discuté en comité secret, mais leurs rapports sont destinés à être publiés. La plupart ont même déjà paru dans les derniers numéros du Bulletin de notre Académie et les autres vont suivre.

Le sujet du concours choisi sur la proposition de notre Section de morale pour le prix du Budget, valeur deux mille francs, était « La personnalité humaine ».

Les concurrents n'ont déposé, au secrétariat de l'Institut, que trois mémoires très imparfaits dont deux, le numéro 1 et le numéro 3, sont écrits en vers.

Il n'a été décerné ni prix ni récompense.

C'est également sur la proposition de la même Section de morale que l'Académie a mis au concours, pour le prix Saintour, le sujet suivant :

« Énumérer les formes diverses du socialisme français contemporain ; montrer en quoi le socialisme, sous chacun de ses aspects, se rapproche des principes et des règles de la morale et en quoi il s'en éloigne. »

Un seul mémoire a été déposé au secrétariat, et il a paru digne du prix. L'auteur de ce mémoire est M. Villey, professeur d'Économie politique à la Faculté de droit de Caen, et doyen de cette Faculté. Quoiqu'il n'ait pas eu de concurrents, nous n'avons pas cru devoir laisser sans critiques quelques passages de son mémoire ; mais ces critiques, qui portent sur des appréciations historiques, et sur les ménagements peut-être excessifs qu'il a montrés pour des entraînements à notre avis fâcheux, ne rendent le travail de M. Villey ni moins intéressant, ni moins propre à fournir des arguments d'une haute portée morale et scientifique aux adversaires du socialisme.

D'ailleurs, si nous voulions discuter avec détail quelques passages du mémoire que nous venons de couronner, il nous faudrait, pour être justes, étendre notre discussion à l'ouvrage entier publié par notre lauréat, sous le titre de « Principes d'Économie politique ». Les quelques lacunes qui nous ont frappés, dans son mémoire, seraient alors comblées, et certaines obscurités seraient éclaircies.

M. Villey vient de faire imprimer le mémoire qui lui vaut notre prix, dans le même format que ses Principes d'Économie politique, et il le présente avec juste raison au public comme la conclusion naturelle de son premier ouvrage.

Il n'est pas sans avoir tenu compte des observations de notre rapporteur, et il s'en est expliqué avec une entière bonne foi. « J'ai essayé, dit-il en note (p. 335 du mémoire imprimé), de tenir compte dans cette partie de l'ouvrage — la conclusion — autant que mes convictions l'ont permis, des critiques qui m'avaient été adressées par le savant rapporteur de la Section de morale[1]. Je n'ai pas cru devoir modifier sensiblement l'expression de mes idées, relativement à ce qu'il peut y avoir de vrai et de bon au fond du mouvement socialiste ; mais j'ai davantage insisté sur la nécessité et les moyens d'en

______

[1]. M. Ch. Waddington.

combattre les progrès, et sur la mission qui s'impose aux classes dirigeantes. »

Les critiques historiques de notre Section et de l'Académie portent d'abord sur une appréciation incomplète que nous paraît avoir faite M. Villey des travaux des grands philosophes de l'antiquité. M. Villey n'avait certainement pas à faire l'histoire des utopies antiques, le programme du concours ne l'y autorisait pas ; mais il a peut-être considéré comme trop distendu le lien par lequel le socialisme contemporain se rattache au socialisme antique. Il croit que l'esclavage et la constitution de la famille antique ont toujours fait obstacle au mouvement de pitié envers les classes pauvres, qui n'est apparu que beaucoup plus tard dans l'Europe chrétienne, et qui a seul donné, selon lui, naissance au socialisme.

6

C'est une conception *a priori* et qui nous a semblé en dehors des faits ; les causes générales du socialisme doivent être en effet cherchées plus haut. Aristote, en disant : « On parle souvent en politique de niveler les propriétés ; il serait plus urgent de niveler nos désirs », est allé au fond de la nature humaine, et il suffit de le suivre dans cet ordre d'idées pour reconnaître que le monde antique et le monde moderne sont moins étrangers l'un à l'autre que M. Villey n'a été tenté de le croire. La nature humaine ne s'est pas modifiée, et, si les mœurs se sont adoucies, ce qui est moins évident et moins universel qu'on veut bien le dire, il n'y a pas eu de transformation fondamentale.

Le socialisme existe dans le passé, comme il existe encore de nos jours en Orient et en Afrique, par la propriété

familiale, par la communauté des biens de
la tribu, par la propriété par l'État avec
possession des individus, par l'esclavage
et les castes, par la polygamie, etc. C'est
au passé ou à la civilisation embryonnaire actuelle de pays trop vieux ou de
pays trop neufs, que retourne, comme à
son berceau, le socialisme contemporain,
quand il cherche à nous entraîner dans
le communisme, le collectivisme et l'a-
néantissement de la famille. Voilà un lien,
le plus fort des liens, un lien historique
et vivant, qui unit le présent au passé
et à l'avenir. M. Villey est vraisembla-
blement plus d'accord avec nous sur ce
point qu'il ne paraît.

Il nous est difficile également d'oublier
que nous devons à l'antiquité les premiers
et les plus beaux exemples de la valeur des
individus et de la puissance de cette force

morale par laquelle de grands philosophes
de toutes conditions sociales se sont affranchis des idées qui régnaient dans les foules.

Comment M. Villey a-t-il pu croire que
la liberté avait été inconnue dans les petites républiques de la Grèce? En montrant comment elle a succombé sous les
excès de la démagogie, Platon n'a-t-il pas
fourni la preuve indiscutable qu'elle n'a-
vait pas été inconnue, que de petits peuples
en avaient joui à des intervalles plus ou
moins éloignés, et peut-on ne pas se rappeler toujours, quand on en a une fois
entendu la lecture, cette admirable page
où Platon a fait la peinture de l'abus de
la liberté? Il a vu l'abîme dans lequel
allait se précipiter sa patrie pour s'être
laissée « enivrer de la liberté et de l'égalité que lui versaient toutes pures de mauvais échansons ».

Quant aux secours fournis aux socialistes par les philosophes et même par les économistes, il y aurait bien des réserves à faire sur ces prétendus secours, et si c'était le lieu, une discussion d'un intérêt historique, philosophique et économique pourrait s'ouvrir à ce sujet entre notre lauréat et nous-mêmes.

M. Villey fait par exemple beaucoup d'honneur à James Mill, le père du célèbre Stuart Mill, en faisant de lui le précurseur de la doctrine de la nationalisation du sol, qui est aujourd'hui préconisée avec tant d'éclat par l'Américain Henry George.

James Mill était un philosophe radical fort lié avec les hommes politiques anglais du commencement de ce siècle, qui ont cru les premiers au radicalisme parlementaire et l'ont implanté en Angleterre. Comme économiste, il ne manquait pas de mérite, mais son meilleur ouvrage a été, on peut le dire, son célèbre fils Stuart Mill. Il n'a été en économie politique que le reflet de ses deux chers amis, Bentham et Ricardo.

Par Bentham, il avait été amené à étudier le travail des prisonniers et celui des pauvres, enfermés dans les maisons de travail ou dans d'autres établissements d'humanité, dont on s'est tant occupé au commencement du siècle en Angleterre et en France.

Aussi n'est-il pas étonnant que James Mill, ami passionné de Bentham, ait été séduit quelques années plus tard par les idées philanthropiques et utopiques de Robert Owen dont les combinaisons res—semblaient aux établissements d'humanité de Bentham. James Mill, égaré par son ami, a mélangé singulièrement la doctrine de l'Individualisme avec celle de l'Intervention. Il n'a pas craint, par exemple, de suggérer à l'État de dépenser, en opérations reproductives, c'est-à-dire industrielles, les capitaux prélevés non sur le revenu, mais sur la fortune des citoyens. Le capital détruit par l'impôt, ce qui était un mal, était reconstitué par une industrie, et cette reconstitution était un bien. C'était ouvrir en réalité la voie au socialisme d'État et à la nationalisation des instruments de production. Mais ce n'est pas Mill qui est responsable de cette déviation de la foi économique. C'est Bentham.

Quant à la théorie de la rente de la terre de son autre ami Ricardo, elle a fourni également à Henry George des arguments dont ce grand socialiste a fait son profit. Mais ce n'est pas à James Mill que remonte la responsabilité d'une théorie qu'il avait simplement acceptée de Ricardo.

Henry George a dédié un de ses livres les plus répandus dans le monde de la langue anglaise, « à la mémoire de ces illustres Français d'il y a un siècle, Quesnay, Turgot, Mirabeau, Condorcet et Dupont de Nemours et leurs amis, qui, pendant la nuit du despotisme, ont prédit les splendeurs de l'ère nouvelle ».

Henry George a été ingrat pour Ricardo qui aurait dû figurer dans son énumération, car la doctrine de la rente de la terre de Ricardo lui a rendu autant de services que celle du produit net des Physiocrates.

Jean-Baptiste Say avait bien compris la faiblesse philosophique du raisonnement de Ricardo, et il a dénoncé, il y a bien des années, sans se douter qu'il allait être un prophète, l'abus que les métaphysiciens de l'avenir pourraient bien faire d'une semblable méthode.

« Depuis la mort de Ricardo, a-t-il écrit dans une édition de son Traité, postérieure à la mort de cet économiste, ses partisans ont prétendu qu'il avait changé la face de la science. Ils ont tiré toutes leurs conséquences d'un petit nombre de principes, en faisant abstraction de tous les autres, et sont arrivés, en effet, à des résultats différents des cas réels, qui sont les conséquences de l'action combinée d'un grand nombre de lois. Affranchis du contrôle de l'expérience, ils se sont jetés dans une métaphysique sans application. Ils ont transformé l'économie politique en une science de mots et d'arguments et, sous prétexte de l'étendre, ils l'ont poussée dans le vide. »

Les transformations de l'économie politique, auxquelles J.-B. Say fait allusion, sont du genre de celles que lui font subir aujourd'hui ceux que nous appelons les socialistes. C'est bien de transformations en effet et non pas d'inventions qu'il s'agit, car ce qui caractérise les socialistes, c'est de ne pouvoir travailler que sur le fonds d'autrui. Ils ne brillent guère en effet par le génie inventif, et n'ont pas tiré d'idées neuves de leur propre cervelle. Ils ont simplement dénaturé l'économie politique, en employant les procédés métaphysiques dont J.-B. Say a fait justice dans sa condamnation des sectateurs de Ricardo. La loi d'airain en est un exemple fameux, et il y en a beaucoup d'autres que l'on pourrait citer. Ils ont pris pour point de départ, des lois fournies par l'expérience et fondées sur des faits, et ils se sont ensuite lancés dans le vide, raisonnant en dehors de toute expérience, avec cette apparence de logique dont se prévalent si facilement ceux qui ne connaissent pas l'obstacle des complexités naturelles. Quoi d'étonnant qu'un principe poussé à l'absurde puisse alors être dénoncé comme absurde !

La distinction entre les socialistes de 1848, qui étaient chrétiens et spiritualistes, et ceux de la fin de notre siècle, qui sont tout le contraire, paraît à M. Villey le signe d'une transformation radicale qui s'est opérée dans le socialisme depuis un demi-siècle. Cette transformation n'est rien moins que radicale, car elle ne s'est pas produite dans le fond des choses ; elle a été provoquée par les nécessités de la politique de nos adversaires plutôt que par un renversement du mouvement socialiste.

Le socialisme chrétien tenait la tête en
1848, cela est vrai ; il est maintenant à
la suite et marche au dernier rang, cela
n'est pas douteux non plus. De l'avant-
garde, il est passé à l'arrière-garde, mais
les socialistes s'en sont toujours servis et
s'en serviront toujours de la même façon,
*car il n'importe guère que Pascal soit
devant ou Pascal soit derrière ;* ils s'en
sont fait des alliés *par politique* en abusant de leur bonté, quelques-uns pourraient dire de leur naïveté, mais ils ne
se sont jamais donnés à eux. Il leur a
été commode de trouver des auxiliaires
disposés à changer les lois morales en lois
positives avec sanction pénale. Le bras
séculier, c'est-à-dire l'obligation légale,
dont ils désiraient s'assurer les services
en s'adressant aux socialistes chrétiens,
ressemble beaucoup, en effet, à la tyrannie

sociale. On peut même dire que c'est tout
un. Que les socialistes chrétiens l'aient
mieux compris aujourd'hui qu'il y a cinquante ans, cela est évident et n'a rien
d'étonnant. Ils ont acquis, dans les luttes
du demi-siècle qui s'achève, une expérience qu'ils n'avaient point alors, et maintenant qu'ils en savent assez pour ne plus
pouvoir être dupes, nous devons espérer
qu'ils ne voudront pas être complices.
C'est pour cette raison que, n'étant plus
à l'avant-garde, ils se laissent traîner
péniblement à la suite. A la fin d'un travail, qui met si bien en lumière les erreurs
et les visées coupables des socialistes, c'est
à un blâme énergique que l'on devait
s'attendre ; aussi notre rapporteur a-t-il
eu raison de se montrer étonné qu'il n'en
ait pas été ainsi et que notre lauréat avec
une bienveillance peut-être outrée, ait

porté à l'actif du socialisme le danger
même qu'il nous fait courir « parce qu'au
moins, la leçon ne sera pas perdue[1] ».

Les leçons, hélas ! sont presque toujours perdues, ou, si on les retrouve, c'est
trop tard. Il n'est pas besoin d'apercevoir
quelque chose de bon dans un mal pour
qu'il devienne prudent ou moral de se soumettre à l'épreuve, comme à un jugement
de Dieu, afin de s'épurer par la mortifica-
tion et la souffrance.

Il n'y a jamais de bien sans accompa-
gnement de mal, ni de mal où il n'y ait
quelque bien ; cela n'est pas une raison
pour bénir le mal. D'ailleurs le socialisme
n'est pas notre religion, et le socialiste
n'est pas notre confesseur. C'est tout simplement l'ennemi. Il faut bien se garder de

1. Bulletin de l'Académie, sept.-oct. 1895, rapport
de M. Ch. Waddington, p, 559.

l'excuser sous prétexte qu'il peut nous induire au bien en nous inspirant une crainte salutaire.

Le mémoire de M. Villey pouvait supporter ces observations et pourrait en supporter bien d'autres sans être diminué. Il est bien conçu, bien composé, et l'auteur recevra, en sus de la récompense que nous lui avons décernée, une autre récompense qu'il a ambitionnée. M. Villey a, en effet, terminé sa préface par ces mots : « Nous espérons que l'étude qui va suivre ne sera pas sans quelque utilité dans la crise morale que nous traversons... » L'étude de M. Villey, on peut en être sûr, aura une très grande utilité ; elle fera réfléchir, et des réflexions qu'elle fera naître, il ne pourra sortir que du bien.

Ce n'est pas abandonner le terrain du socialisme que de passer au prix Bordin, car nous avons mis, cette année, au concours pour ce prix, le sujet suivant :

1° Histoire et exposition du positivisme;

2° Discuter ses méthodes, ses théories, ses applications.

Le prix est de la valeur de deux mille cinq cents francs.

Il n'a pas été décerné, mais des récompenses ont été accordées, l'une de deux mille francs au mémoire numéro 3, dont l'auteur est M. Ch. Laurens, professeur honoraire du lycée Corneille à Rouen, et l'autre de cinq cents francs au mémoire numéro 2, dont l'auteur ne s'est pas fait connaître.

L'Académie ne demandait pas une apologie de la doctrine d'Auguste Comte, mais elle aurait désiré que les concurrents en eussent compris l'importance, pour en marquer, avec sûreté, la place dans l'his-

toire générale de la philosophie moderne.
Une conception, « qui prétend embrasser le monde et l'humanité, organiser les sciences et formuler les bases du progrès scientifique, qui pose les fondements de la nouvelle science sociale et voit, dans cette science même, le meilleur centre de perspective sur l'Univers », — ce sont les expressions de notre rapporteur[1], — est assurément aux yeux de l'Académie comme à ceux de notre rapporteur, une vaste entreprise, la plus systématique peut-être qu'on ait tentée en France depuis un siècle et demi et il est bon de s'y arrêter, de l'étudier, de la comprendre, d'en tirer un enseignement et, s'il se peut, une direction philosophique.

Les jugements à en porter sont et seront

1. Bulletin de l'Académie. Sept.-oct. 1895, rapport de M. A. Fouillée, page 592.

toujours fort divers. Le positivisme est très contesté et il a des admirateurs, des sectateurs et des ennemis; il a en tout cas des adversaires et des partisans à l'Institut comme ailleurs.

Des divergences sérieuses apparaissent donc entre nous quand nous en parlons au fond.

Dans ce concours, nous avons été facilement unanimes sur la valeur relative des mémoires présentés: nous ne l'aurions sans doute plus été, si nous avions voulu formuler des éloges ou des critiques, à propos de certaines appréciations émises par les concurrents et dont il aurait fallu dire qu'elles étaient justes ou erronées. Aussi nous sommes-nous abstenus, tout en demandant à notre rapporteur de se montrer moins réservé.

C'est pour ce motif qu'il a revendiqué

pour lui seul la responsabilité de ses opinions [1]. Si les conclusions, c'est-à-dire la distribution des récompenses, appartiennent à l'Académie, le rapport appartient au rapporteur.

L'Académie a voulu rendre hommage à Auguste Comte, cela est certain, mais, comme l'a dit notre rapporteur, ce doit être un hommage semblable à celui dont a parlé Hegel quand il a dit : « La controverse est un hommage ; il n'y a qu'un homme supérieur qui puisse nous condamner à la tâche de le discuter et de l'éclaircir [2]. »

L'origine du positivisme est, on ne l'ignore pas, toute française ; c'est un fait accepté comme vrai par tout le monde et que notre rapporteur a mis en pleine lu-

[1]. Rapport de M. A. Fouillée, page 564.
[2]. *Ibid.*, page 563.

mière avec sa précision habituelle dans un
des passages de son rapport.

« Sans parler des vues de Descartes lui-
même sur l'avenir de la science, comment
ne pas reconnaître ici, a-t-il dit, l'influence
de l'Encyclopédie, puis celle de Condorcet,
de Turgot qui avait déjà distingué trois
états de la connaissance ; puis l'influence
des idéologues physiologistes du commencement du xixᵉ siècle, représentant encore
l'esprit du xviiiᵉ, enfin l'influence du docteur Burdin, de Saint-Simon et des no-
vateurs socialistes [1] ? »

Il ne faut pas oublier d'ajouter que,
quoique né de pensées françaises et nourri
de l'esprit de certains économistes français du xviiiᵉ et du commencement du
xixᵉ siècle, le positivisme a été, en somme,

1. Bulletin de l'Académie. Sept.-oct. 1895, rapport de
M. A. Fouillée, p. 573.

et est encore une contradiction de l'économie politique française. Les idéologues
physiologistes du commencement du siècle,
dont on a raison de dire qu'ils ont une
part de responsabilité dans l'origine de la
nouvelle doctrine, n'ont cependant pas
été complices, comme on est porté à le
croire, de cette contradiction. Destutt de
Tracy, le représentant le plus autorisé de
l'idéologie du commencement de ce siècle,
était bien loin de tenir en mépris l'économie politique, et en cela il diffère du
tout au tout des sectateurs et même des
simples admirateurs d'Auguste Comte, qui
disent de l'économie politique « qu'elle
fait trop abstraction, dans l'étude de la
société, des facteurs intellectuels, moraux
et politiques[1] ». Destutt de Tracy voulait,

1. Bulletin de l'Académie. Sept.-oct. 1895, rapport de
M. A. Fouillée, p. 572.

au contraire, d'accord en cela avec tous
les économistes de l'école française, qu'on
appelle aujourd'hui orthodoxe, faire appa-
raître les rapports nécessaires de l'économie politique et de la morale. La hiérarchie
positiviste des sciences ne fait pas obstacle
à ce que ces rapports soient reconnus et
mis en évidence, ni à l'heureuse influence
qu'ils peuvent avoir tout à la fois sur le
développement de l'économie politique et
sur celui de la science de la morale.

Il peut et il doit y avoir certainement
une méthode pour coordonner les sciences,
et si on a réussi a découvrir leur hiérarchie naturelle relative, on n'a pas détruit
par là l'importance absolue de chacune
d'elles en particulier. Leur loi de développement peut bien se trouver dans la hiérarchie, mais il en est des sciences hiérar-
chisées comme des fameux trois états mis

en lumière par le positivisme : *Théologique*, *Métaphysique* et *Positif*. Les trois états ont coexisté dans l'histoire du monde et de la civilisation et y coexisteront toujours. De même la hiérarchie naturelle des sciences qui en assure le progrès ne se confond pas en fait avec l'ordre du développement réel de chacune d'elles et personne n'ignore que c'est justement dans un ordre inverse à l'ordre de la hiérarchie philosophique, que les sciences se sont avancées jusqu'à présent.

« Les sciences, dit notre rapporteur, se développent empiriquement en un rapport d'action réciproque et simultanée ; les conquêtes expérimentales et les vérités élémentaires de certaines sciences hiérarchiquement postérieures, peuvent alors servir aux sciences antérieures et favoriser leur avancement ; l'humanité a découvert la vérité comme elle a pu, par morceaux qui n'étaient pas toujours logiquement liés[1].»

C'est par les hypothèses qu'elles ont fait disparaître certaines lacunes que l'état des sciences supérieures ou antérieures n'avait pas permis de combler. Auguste Comte a proclamé lui-même la nécessité des hypothèses et des théories provisoires dans la méthode expérimentale. Enfin, l'Économie politique et les physiocrates, y compris Turgot, quand même leur science aurait été d'un ordre inférieur ou postérieur, ont pu cependant démontrer qu'il existait des lois naturelles gouvernant le développement économique de l'humanité longtemps avant que la sociologie ait été constituée en science, qu'elle ait reçu un nom et qu'elle se soit créé un vocabulaire dont

1. Bulletin de l'Académie. Sept-oct,. 1895, rapport de M. A. Fouillée, p. 576.

les mots sont bien récents, car ils sont loin encore de figurer tous dans le dictionnaire de l'Académie. La loi naturelle, découverte par les économistes du xviiie siècle, nous apprend qu'à moins de s'imposer des souffrances et de rétrograder, l'homme ne peut rien faire qui soit en contradiction avec les conditions de la vie sociale ni avec celles de l'exercice de sa liberté. C'est bien là de la *Sociologie*, mais ce n'est pas toute la Sociologie et n'est-il pas, à ce propos, intéressant de signaler un fait malheureusement trop évident : c'est que ce qui, dans la sociologie moderne, déplaît aux économistes, est justement la partie de cette science qui plaît le plus aux socialistes et qui leur paraît en être le dernier mot, comme si entre la Sociologie ancienne et la nouvelle, il n'y avait d'autre différence qu'un concours, autrefois refusé et

aujourd'hui volontiers accordé, au socialisme contemporain.

La Sociologie et le Positivisme se ren-
contrent d'une façon si manifeste, dans
l'ordre socialiste, qu'on est en droit de se
demander d'où vient en réalité cette rencontre; car notre socialisme passe, et il y
a de bonnes raisons de le croire, pour
être fils de l'Allemagne, tandis que la philosophie d'Auguste Comte a des racines
profondément enfoncées dans notre vieux
sol français. C'est une remarque qui d'ailleurs n'est pas contradictoire avec cette
autre, que la situation scientifique d'Auguste Comte a été considérable à l'étranger
à un moment où il était encore inconnu
chez nous. La vérité est qu'Auguste Comte
ne nous est pas venu de l'étranger; *il nous
en est revenu*, et c'est bien à nous qu'il
appartient en bien comme en mal. On

peut expliquer assez aisément que sa réputation se soit d'abord formée au dehors, mais son succès à l'étranger n'implique pas du tout qu'il y ait puisé ses doctrines.

Quand il a conçu sa philosophie dans sa forme essentielle, c'était au moment où les saint-simoniens succombaient en France. Leur religion, leur costume et bien d'autres choses, hélas! les exposaient alors au ridicule à une époque, qui n'est plus, dit-on, qu'un souvenir, où le ridicule tuait encore chez nous.

Quoi d'étonnant que des esprits surexcités comme ceux des Français du moment, ne se soient pas trouvés en état d'accueillir, comme ils l'auraient peut-être fait dans d'autres circonstances, Auguste Comte, le philosophe de l'inconnaissable, un penseur original il est vrai, mais un penseur dont on pouvait croire qu'il avait dans ses bagages quelques restes du saint-simonisme.

Rien n'était plus antipathique à la société d'alors en France que la menace d'une nouvelle campagne saint-simonienne par des néo-saint-simoniens. Comte ne l'était pas cependant, mais on pouvait s'y tromper, car il avait été un saint-simonien des premiers jours.

Il avait servi le Maître; il avait écrit dans l'*Industrie*, et s'il n'avait pas signé comme un autre : *fils adoptif de Saint-Simon*, il avait signé : *élève de Saint-Simon*. Il avait assisté à la tragédie de la misère et au triste coup de pistolet. Cependant, il faut lui rendre cette justice qu'il s'était arrêté à temps, avant la mort du Maître. Il n'était donc pas entré avec les derniers disciples dans la maison de Ménilmontant ; il n'avait pas revêtu le costume, et il

n'était pas tombé dans ces erreurs plus
fâcheuses d'une réhabilitation où la morale
n'était pour rien et qui ont fini par ruiner
le Temple.

Aussi la séparation s'était-elle produite
par la volonté réfléchie d'Auguste Comte
lui-même, ce que les disciples de Saint-
Simon ne lui ont jamais pardonné.

C'est pourquoi les continuateurs du
Producteur l'ont excommunié avec fréné-
sie. C'est sur le sentiment religieux que
la séparation s'était faite, chose d'ailleurs
assez difficile à comprendre aujourd'hui
pour nous, qui avons vu Comte finir en
pontife-roi, écrivant non plus des lettres,
mais des *brefs* comme un pape.

Pour les saint-simoniens de la dernière
heure, Auguste Comte n'a plus dès lors
été qu'un hérésiarque matérialiste. « Cet
homme, lisait-on dans l'Exposition orale

de la Doctrine, publiée en 1829, 15e séance,
aveuglé par sa prédilection pour les travaux rationnels, s'efforce de prouver que
le dévouement sera subordonné au froid
calcul, que les paroles du poète ne sorti-
ront de sa bouche qu'après avoir été com-
mentées, pesées, hachées, au mètre, au
poids, au scalpel de la science ; nous disons
de cet homme qu'il est *hérésiarque* ; il a
renié son maître : il a renié dans son maître
l'humanité. »

Excommunié par les saint-simoniens
pour ne pas avoir compris le divin et le
sentimental, il n'en était pas pour cela
plus rapproché des économistes qu'il accu-
sait de ne voir les choses que sous un point
de vue à la fois restreint et bas, et dont il
n'acceptait pas les idées sur la morale
sous prétexte qu'ils en raisonnaient comme
des métaphysiciens. Il avait bien abandonné

les saints-simoniens qui avaient toujours à la bouche cette expression de l'*exploitation de l'homme par l'homme*; mais il restait aussi sévère que ses anciens coreligionnaires pour les écrivains et pour les penseurs qui, dans certaines écoles destinées à devenir sociologiques, parlaient des *rêveries* de J.-B. Say sur les produits immatériels et des tentatives *absurdes* de ceux qui cherchaient à analyser les richesses morales et intellectuelles pour les additionner avec les richesses matérielles.

En 1843, alors que tant de prétentions philosophiques opposées s'agitaient et à un moment où les passions de cet ordre étaient si vives, Auguste Comte, s'il avait attiré l'attention, s'il avait pris de l'importance et avait pu fonder son école, aurait été écrasé entre des groupes d'adversaires également furieux.

Ce qui lui permettait de vivre, c'était
l'isolement et l'obscurité et il serait resté
chez nous pendant [bien plus longtemps
dans cet isolement et dans cette obscurité,
s'il n'avait eu l'heureuse fortune d'être,
pour ainsi dire et sans le savoir, exporté
de France en Angleterre par un écrivain
de la plus haute valeur.

L'effondrement des saints-simoniens
n'avait pas produit en Angleterre le même
effet que chez nous ni pour eux, ni pour
Auguste Comte. D'abord, on ne les avait
pas vus d'aussi près: ensuite on ne savait
pas bien qu'Auguste Comte se fût com-
promis un instant avec eux. Il faut dire
aussi que le ridicule n'a jamais eu autant
d'empire de l'autre côté, que de ce côté-ci
de la Manche. L'originalité y est permise,
et braver le ridicule y paraît quelquefois la
marque d'un grand esprit. Stuart Mill qui

se faisait déjà connaître et dont les admirateurs déjà nombreux pressentaient la grande
fortune philosophique, avait parlé d'Auguste Comte dans sa logique, et ce seul
fait avait suffi pour lui attirer — c'est Stuart
Mill lui-même qui le raconte dans son
autobiographie — « des lecteurs et des
admirateurs, à une époque où son nom
n'était pas encore, en France, sorti de
l'obscurité ». Plus tard, quand Auguste
Comte devint une des grandes figures de
la philosophie moderne, Stuart Mill — et
le rapporteur de notre concours l'a suivi
sur ce terrain — a entrepris de critiquer
certaines idées de celui dont il n'avait cité
d'abord que quelques vues fondamentales
et il a voulu séparer par cette critique,
dans l'œuvre du fondateur du Positivisme,
ce qu'il y trouvait de bon de ce qu'il y
trouvait de mauvais. S'il ne l'avait pas

fait plus tôt, c'est qu'il lui avait paru inutile
d'entrer en quelque sorte dans cet examen tant qu'Auguste Comte ne jouissait
d'aucune autorité. Ajoutons que Stuart
Mill, pas plus que notre rapporteur aujourd'hui, n'a fait, au gré de la plupart
des économistes, le départ nécessaire.

Il semble que l'un et l'autre aient laissé
encore beaucoup trop d'alliage mêlé à l'or
pur et que les traces qu'ils n'ont point
éliminées de doctrines suspectes, sont justement celles qui donnent le plus souvent
pour alliée et quelquefois pour complice
au Positivisme et à la Sociologie, cette
politique militante et passionnée qui a fait
explosion en France depuis quelques années sous le nom général de Socialisme.

Les auteurs des mémoires, aussi bien
celui du mémoire numéro 3 que celui du
mémoire numéro 2, n'ont pas manqué de

leur côté de distinguer entre ce qu'il faut
garder et ce qu'il faut rejeter de la doctrine
de Comte, mais ils n'ont pas toujours fait
la même épuration que notre rapporteur,
ni celle non plus que quelques-uns d'entre
nous auraient préférée. Ils n'étaient pas
d'ailleurs bien armés pour faire ce départ,
et notre rapporteur n'a pas montré une
sévérité excessive en disant d'eux qu'ils
n'avaient malheureusement pas une connaissance suffisante du sujet qu'ils ont
traité et même qu'ils ont montré aussi
parfois, ce qui est plus fâcheux encore,
une certaine difficulté à comprendre les
problèmes dans les conditions où Auguste
Comte les a posés.

Les trois grands défauts du Positivisme
ont été, selon notre rapporteur[1], en pre—

1. Bulletin de l'Académie. Sept.-oct. 1895, rapport
de M. A. Fouillée, p. 598.

mier lieu la négation de la psychologie,
en second lieu, comme conséquence, une
idée fausse de la métaphysique et de cette
recherche du réel qu'Auguste Comte prend
pour une spéculation sur les entités, en
troisième lieu enfin, une idée incomplète
de la religion conçue comme humaine et
non comme universelle.

Mais s'il est facile de s'associer à cette
triple conclusion négative et de regretter
l'erreur des concurrents qui ont laissé
échapper l'occasion de la formuler, il l'est
bien moins de se mettre d'accord sur des
conclusions affirmatives.

Faut-il se borner à dire que l'effort
intellectuel du grand penseur a été un des
plus grands du siècle, ce serait déjà considérable. A cette opinion il serait possible
de souscrire si on ne considérait que le
mouvement imprimé par le Positivisme à de

très nombreux et de très grands esprits, aux adversaires d'ailleurs d'Auguste Comte tout aussi bien qu'à ceux qui s'en déclarent les disciples. Mais c'est autre chose de se mettre d'accord sur l'influence d'une philosophie, ou de discerner la nature de cette influence, de juger si elle a été bonne ou mauvaise, et en définitive si elle s'est exercée pour le bien ou pour le mal de l'humanité.

On a dit d'Auguste Comte qu'il a donné naissance aux trois grands courants de notre époque : Agnosticisme, Évolutionnisme, Monisme, et que c'est un fait d'une importance capitale[1].

Peut-être serait-il possible de faire d'abord des réserves sur la réalité de ces courants et, si on admet leur réalité, sur leur importance. N'est pas grand qui veut,

1. Bulletin de l'Académie. Sept.-oct. 1893, rapport de M. A. Fouillée, p. 563.

et toutes les grenouilles ne s'enflent pas en bœuf, ce qui d'ailleurs ne leur réussit pas toujours. Il est vrai que tout ruisseau veut être fleuve et que depuis Royer-Collard et le mot de M. de Serres, tout fleuve veut couler à pleins bords, renversant tout sur son passage.

Cependant, c'est après tout une question relativement secondaire, et on peut souscrire, si l'on veut, à cette observation qu'Auguste Comte a donné naissance à trois grands courants.

Mais il y a une question supérieure à celle de la réalité de ces trois courants, c'est celle de leur utilité.

Ont-ils déposé, sur les terres qu'ils ont arrosées, un limon fertilisant, ou bien, au contraire, ont-ils ravagé, pour préparer le lit de leurs alluvions, les belles cultures d'autrefois ?

Comment les masses ont-elles compris l'Agnosticisme, l'Évolutionnisme et le Monisme? Ont-elles seulement su ce que ces néologismes voulaient dire? Y ont-elles puisé une idée philosophique quèlconque? N'en ont-elles pas tiré plutôt des légendes absurdes comme les peuples primitifs de certains grands faits qui ont frappé leurs yeux, sans éclairer leur conscience?

Jamais, à aucune époque, les limites du connaissable et de l'inconnaissable n'ont été plus effacées qu'aujourd'hui, et la doctrine de la divinité de la science a fait de la science, pour la foule, une sorte de fée bienfaisante, ou de sorcier malin, pouvant réaliser toutes les chimères; voilà pour l'Agnosticisme, et pour ce résultat que devait avoir le positivisme d'apprendre à distinguer le possible de l'impossible.

L'Évolutionnisme qui forme le second courant est devenu une loi de fatalité, bien certainement malgré Auguste Comte, qui s'est toujours énergiquement défendu au contraire de tout penchant au fatalisme. N'a-t-il pas dit, en effet, que le fatalisme n'était qu'un dogmatisme métaphysique?

Enfin, qu'est-ce que le Monisme si ce n'est la plus haute des idées simples, confondant dans l'unité, l'esprit et la matière, idéalisme ou matérialisme à outrance; et cependant l'idée simple qui fait aujourd'hui fortune dans les masses et auprès de ce qu'on appelle les esprits simplistes, c'est l'idée simple incomplète, celle des gens qui n'ont qu'un champ visuel restreint, et ne peuvent apercevoir les objets que d'un seul côté, qui ont l'impatience des objections et aspirent à une solution quelconque. L'idée simple sortie du mouvement *moniste* n'est pas autre chose que l'idée simple des ignorants ou des brutaux.

Que reste-t-il donc du positivisme considéré comme ayant fondé la sociologie définitive et quelle influence a-t-il exercé, et exerce-t-il sur notre vie sociale et nationale? Il a ouvert une boîte inconnue et jusqu'à présent qui oserait dire qu'il en ait laissé sortir plus de bien que de mal? Que de raisons au contraire pour penser qu'il a versé sur le monde, tout au moins pour l'heure où nous parlons, beaucoup plus de mal que de bien.

N'est-il pas clair, en effet, que le socialisme a fait son profit du « grand milieu », et que sous prétexte de l'évolution, il a pris le rebours des mots d'Auguste Comte disant de la nature « qu'elle est pour nous la fatalité « et de la société humaine » qu'elle est pour nous la liberté ». Les socialistes ont

8.

proclamé, au contraire, la fatalité comme une loi inéluctable de la société humaine, et la liberté comme une loi de la nature urgente à discipliner et c'est sur l'Évolutionnisme de Comte qu'ils s'appuient pour parler ainsi. Cette vie commune, que le positivisme consent à mener avec le socialisme et inversement, ne peut pas nous le faire envisager avec faveur. Est-ce donc un service rendu à notre pays que d'avoir ouvert une voie philosophique au socialisme et n'est-il pas fâcheux que la philosophie se soit compromise dans une lutte où elle aurait dû apporter à l'humanité un secours efficace au lieu d'une sommation à capituler, son rôle étant de fortifier les âmes et non de les affaiblir?

Auguste Comte n'a pas nié, en 1849[1],

1. Littré, *Aug. Comte et la philosophie positive*, p.624.

« que l'intime solidarité entre le socialisme et le positivisme s'est assez caractérisée cette année pour que rien désormais n'en puisse arrêter le développement ». Voilà pour les militants ; et il a ajouté en 1850 qu'il faut « seconder dignement l'unique philosophie qui puisse aujourd'hui discipliner le socialisme[1]. » Voilà pour les faibles qui cherchent une excuse quand ils suivent en troupeau.

La tentative positiviste a contribué pour sa part, nous dit-on, aux « progrès de cette philosophie qu'un antique préjugé se figure immobile, et qui, au contraire, comme la science dont elle s'inspire et qu'elle inspire, est en ascension perpétuelle vers de plus larges horizons[2] ».

1. Littré, *Aug. Com'* et la philosophie positive*, p. 626.
2. Bulletin de l'Académie, Sept.-oct. 1895, rapport de M. A. Fouillée, p. 598.

L'effort peut avoir été considérable ; il peut avoir été un des plus grands du siècle, et on ne peut s'étonner que les disciples d'Auguste Comte l'en glorifient, ni qu'ils défendent « obstinément sa méthode et ses principes », mais le plus illustre d'entre eux n'a pas craint d'ajouter « qu'il ouvrait le débat sur les conséquences[1] ».

La philosophie d'Auguste Comte est en ascension perpétuelle : mais vers quels horizons nous fait-elle monter par cette ascension perpétuelle ? Nous conduit-elle à des sommets d'où l'humanité verra, par delà le positivisme, les régions où elle l'aura dépassé quand le positivisme ne sera plus qu'un souvenir des facultés de raisonner de l'humanité du xix° siècle ? L'humanité, conduite alors par un socia-

1. Littré. *Aug. Comte et la philosophie positive*, p. 668.

lisme que le positivisme aura contribué à élever sur le pavois, pourra-t-elle entrevoir les larges horizons d'une société humaine renouvelée?

Est-ce une consolation pour nous de penser qu'elle apercevra, à ces horizons, l'idée de justice de plus en plus confondue avec celle de la puissance du nombre? Et si la volonté du plus fort est, dans cet avenir et sur ces sommets, l'expression la plus philosophique de l'idée de droit sur la terre, je ne crains pas de dire, quelque considérable qu'ait été l'effort, qu'il n'aura rien produit que de condamnable.

Les conséquences du positivisme sur lesquelles les disciples consentent à ouvrir le débat, deviennent, à l'heure où nous sommes, de plus en plus visibles. Littré lui-même ne l'a-t-il pas reconnu? « Elles nous font retomber dans l'ornière du socialisme [1]. »

L'Académie avait mis au concours, il y a quatre ans, pour le prix Stassart, sur la proposition de sa Section de morale, l'examen des doctrines nouvelles sur la responsabilité morale, et, faute de mémoires suffisants, elle a plus tard prorogé le concours jusqu'au 31 décembre 1894 pour définitivement le juger cette année. Le prix est d'une valeur de quatre mille francs.

Huit mémoires ont été présentés. Deux d'entre eux ont paru mériter le prix, qui a été partagé également entre M. Mabilleau, professeur à la Faculté des lettres de Caen, — mémoire numéro 6, — et M. Desdouits, ancien professeur de phi-

---

1. Littré, *Aug. Comte et la philosophie positive*, p. 667.

losophie, au lycée de Versailles, — mémoire numéro 3. — Il a été de plus accordé deux mentions très honorables, l'une à M. Louis Proal, conseiller à la Cour d'appel d'Aix, auteur du mémoire numéro 4, et l'autre à M. l'abbé A. Degert, professeur à l'Institution Notre-Dame à Dax, auteur du mémoire numéro 8.

Notre rapporteur[1] a donné une analyse très complète des ouvrages récompensés. Les tentatives multiples de ces dernières années, pour transformer ou pour détruire l'idée de responsabilité, ont été étudiées et jugées diversement par les concurrents ; mais il ressort cependant de l'ensemble de leurs travaux cette impression, que l'idée de la responsabilité morale qui a été, pendant un temps, si malheureuse-

1. M. Bardoux.

ment obscurcie, commence à se dégager
des voiles sous lesquels on avait voulu la
cacher, et qu'elle rayonne de nouveau. La
vieille morale de nos pères n'est plus
embarrassée de trouver de vaillants défen-
seurs parmi les philosophes.

Il n'est pas besoin d'entrer dans le détail des travaux de nos huit concurrents,
ni de se remémorer la série des arguments philosophiques par lesquels on prétend fonder les doctrines nouvelles, pour
être frappé de la relation qui existe entre
certaines de ces doctrines prétendues morales et les doctrines sociales ou socialistes dont il a été parlé plus haut.

L'évolution et le positivisme jouent, on
ne peut le nier, un rôle prépondérant dans
l'élaboration des principes de la morale
renouvelée. C'est la morale au sein de la
société, une morale en quelque sorte ex--

térieure à l'individu, ne lui étant plus at-
tachée que comme un manteau à l'épaule,
qui forme en effet l'objet de la préoccupation des nouveaux moralistes, et l'expression de conscience sociale a même été
opposée par eux à celle de conscience individuelle.

C'est bien là une tendance à l'abolition
de la personnalité et au mépris de l'homme
quand il ose encore sentir qu'il est lui-même.

Il y a des philosophes pour plonger
l'individu dans un tout dont il est un des
organes pensants associé à d'autres organes de même nature, comme des rouages
dépendant d'un même grand système
d'horlogerie.

Si la personnalité pouvait ainsi être
effacée, il n'y aurait plus évidemment de
responsabilité, et l'Individu, délivré de
tout souci, n'aurait plus qu'à laisser à

l'être social dont il ne serait qu'un des membres, la charge de se démêler avec sa conscience.

Il se produit heureusement un mouvement sérieux contre cette sorte d'exagération métaphysique. Le concours que nous venons de juger en est la preuve manifeste. La lecture du rapport de notre confrère de la section de morale[1] rassurera bien des consciences, qui auraient pu être troublées par des bruits nouveaux fort assourdissants assurément, mais difficiles à faire pénétrer dans le cerveau des gens de notre race.

La race française ne peut pas oublier qu'il serait impossible, comme l'a si bien dit notre rapporteur, « de rien faire de grand avec des doctrines qui paralysent la

1. Bulletin de l'Académie, rapport de M. Bardoux.

volonté et qui découragent du sacrifice ».

Il me reste à parler de nos deux grandes fondations; madame veuve Audiffred a fait une donation à laquelle elle a donné le nom de son mari, François-Joseph Audiffred. Le prix annuel décerné sur les intérêts du capital affecté à cette fondation a été d'une valeur de douze mille francs la première année et sera de quinze mille francs cette année et les années à venir. Il est destiné à récompenser les plus beaux, les plus grands dévouements de quelque genre qu'ils soient. Vous avez tous applaudi le lauréat de 1894, M. le docteur Roux. L'illustre élève du grand Pasteur, en appliquant la méthode de son maître, est enfin parvenu, après de savantes, de longues et de pénibles recherches, à doter notre pays et le monde entier d'un remède contre la diphtérie.

Le lauréat de cette année, dont le dévouement est d'un ordre différent, est M. l'abbé Rambaud, qui a fondé à Lyon d'admirables institutions pour les enfants et les vieillards.

Je redoute d'abréger le rapport de notre Commission, il faut le lire tout entier dans notre Bulletin. L'abbé Rambaud, qui était dans le monde et dans les affaires, a tout quitté pour les humbles et pour les pauvres; toute sa fortune, toutes ses facultés, toute sa vie ont dès lors été consacrées à combattre l'ignorance et la misère.

Voici un passage tiré du récit de la visite que notre rapporteur [1] a faite il y a quelques mois à l'abbé Rambaud et à ses vieillards :

---

1. M. Bouillier.

« L'abbé Rambaud nous reçut dans
son cabinet, ou plutôt dans son humble
cellule garnie de quelques meubles de sa-
pin. Tel je l'avais vu, il y a quelques
années, tel je le revoyais, malgré, hélas!
ses yeux éteints. Il est aveugle depuis
deux ans, ce qui ne l'empêche pas d'être
toujours l'âme de la maison.

» Après avoir quelque temps causé avec
lui sur ses enfants et ses vieillards, nous
demandâmes à visiter la maison. Il ne
pouvait plus, comme autrefois, nous accompagner lui-même; mais il nous remit
à l'abbé Du Bourg, cet associé, cet auxi-
liaire dévoué dont nous avons déjà parlé.
Conduit par lui, nous avons partout pé-
nétré et nous avons été partout bien ac-
cueillis. Tous ces vieillards étaient sou-
riants, empressés à nous faire voir leur
intérieur, leur ménage propre et bien

tenu. Nul n'était oisif; chacun nous mon-
trait la petite industrie à l'aide de laquelle
il gagnait son pain. Rien de plus divers
que ces industries ou métiers à la portée
de leurs forces décroissantes. Il y avait là
d'anciens ouvriers en soie qui trouvent
encore quelques pièces à tisser, des cor-
donniers, des vanniers, même des pâtis-
siers. Nous en trouvons un, faisant des
petits gâteaux à un sou fort appétissants,
pour les vendre dans le quartier. C'est
un ancien acteur, nous apprit l'abbé Du
Bourg, non pas de premier ordre, mais
un simple choriste, aujourd'hui un des
chanteurs du dimanche à la grand'messe.
D'autres vendent ou distribuent des journaux, revendent des fruits ou des lé-
gumes, font de petits fagots pour allumer
le feu. »

L'œuvre de M. l'abbé Rambaud nous

a paru fournir l'exemple du mode d'assis-
tance de la vieillesse, le meilleur, le moins
coûteux, et aussi le plus moral. Aussi lui
avons-nous décerné la haute récompense
dont dispose l'Académie grâce à la générosité de madame Audiffred.

Nous distribuons aujourd'hui pour la
première fois, sur les fonds de la fondation Carnot, cinquante secours de deux
cents francs chacun, à des veuves d'ouvriers chargées d'enfants.

C'est madame Carnot qui a doté cette
fondation et lui a donné le nom de Carnot. Elle y a employé le produit d'une
souscription ouverte par un comité de
dames françaises, dans le but d'élever un
monument à la mémoire de Carnot. Elle
a pensé que le meilleur moyen de servir la mémoire de son illustre époux serait de fonder une œuvre de bienfaisance

à laquelle participeraient le plus grand nombre possible de pauvres femmes françaises, chacune d'entre elles ne devant recevoir que deux cents francs. Cette œuvre excellente n'est d'ailleurs que l'extension d'une œuvre identique entretenue par Carnot dans les différents quartiers de Paris alors qu'il occupait la plus haute magistrature de l'État. Madame Carnot nous a remis, à cet effet, un titre de rente trois pour cent, de onze mille francs. La première distribution devait avoir lieu le 24 août 1896 ; mais pour qu'une distribution pût être effectuée cette année même, madame Carnot nous a fait don d'une somme complémentaire de dix mille francs que nous avons répartie entre cinquante pauvres veuves d'ouvriers, chargées d'enfants.

LA
CRITIQUE DES DISCOURS

des 15 et 30 novembre 1895

CONVERSATION POLITIQUE ET ACADÉMIQUE

L'ACADÉMICIEN. — Étiez-vous à la Chambre des députés le jour où Léon Say a prononcé son discours du 15 novembre? J'ai lu le discours, mais je ne l'ai pas entendu.

LE DÉPUTÉ. — Certainement j'y étais, de même que vous étiez, je n'en doute pas, sous la coupole, le jour où votre confrère a fait à l'Académie une critique si vive du socialisme et surtout du positivisme.

L'ACADÉMICIEN. — J'ai effectivement
assisté à la séance, mais je n'ai pas
trouvé que la critique du positivisme y
ait été plus vive que celle du socialisme;
j'ai plutôt même été frappé du contraire.
Le rapport de mon confrère, car c'était
un rapport, était moins vif que le discours qu'il a prononcé à votre tribune.
Ce que j'ai entendu était comme une
sorte de dialogue des morts; ce que
vous avez entendu était, au contraire,
un vrai dialogue des vivants. C'est très
différent de causer avec des morts muets
ou avec des vivants qui ne le sont pas.
qui même sont bavards ou ont du moins
la démangeaison de parler, sans compter
qu'il ne leur déplaît pas de troubler
l'orateur qui les combat. On fait soi-
même les discours des morts avec lesquels on discute, et on met souvent

dans leur bouche les arguments auxquels il est le plus facile de répondre ; tandis qu'on ne fait pas les discours des vivants avec lesquels on entame un dialogue. Ce sont les interlocuteurs vivants qui se chargent du soin de se défendre eux-mêmes, et qui, en se défendant, portent l'attaque où ils veulent, et quand ils le veulent ; dans leur offensive, ils envahissent toujours le camp de leur adversaire.

LE DÉPUTÉ. — La question qui se posait à la Chambre des députés n'était pas la même que celle qui se posait à l'Académie, et les deux discours, quand ils sont placés en regard l'un de l'autre, se ressentent de la contradiction des objets qu'a poursuivis l'orateur en parlant successivement à deux tribunes différentes. C'était le risque social opposé au risque individuel et réciproquement, que votre

confrère voulait apprécier à notre tribune;
il s'agissait pour lui de savoir si la société
représentée par l'État, c'est-à-dire par le
gouvernement, devait mettre les citoyens
à l'abri des difficultés de la vie, ou si
ceux-ci ne devaient pas se défendre eux-
mêmes des dangers qui les menacent. Ce
sont là deux solutions extrêmes; mais il
estimait que l'abîme qui sépare l'une de
l'autre ces deux solutions, devait être
comblé par l'obéissance volontaire à un
devoir moral plutôt que par la soumission
forcée à une gendarmerie nationale. D'un
côté, à la Chambre des députés, il s'agissait du gouvernement des hommes, de la
politique de solidarité et de la pratique
d'une mutualité obligatoire avec tous les
risques accumulés sur la tête du petit
nombre, de ceux-là que les Anglais appellent les dix mille du dessus, tandis que la

masse, le grand nombre, serait assuré
contre tous les malheurs de la vie par un
prélèvement sur la fortune du petit nombre. D'un autre côté, à l'Académie, c'était
d'une question d'un autre ordre qu'il s'agissait; la politique pratique devait y être très
négligée; aussi le fond du discours n'a-t-il
guère porté à l'Académie que sur le socialisme scientifique des Allemands et sur le
socialisme sentimental et la plupart du
temps irréfléchi, des écrivains de l'école
moderne.

L'ACADÉMICIEN. — C'est possible, les
sujets étaient différents et la manière de
les traiter également; cependant le premier discours, celui qui a été prononcé à
la Chambre des députés est bien certainement dérivé du second, comme l'auteur
l'a fait connaître dans sa préface. Laissez-
moi vous dire, d'ailleurs, comment j'ai

compris le nôtre, celui qui a été prononcé
sous la coupole. C'est sur le discours du
3o novembre que je voudrais faire porter
ma critique ; vous pourrez, si vous voulez,
critiquer le discours du 15, que vous avez
entendu au Palais-Bourbon. Nous inter-
vertirons les dates, mais nous rétablirons
l'ordre des idées.

LE DÉPUTÉ. — Volontiers, je vous
donne la parole, je prends la présidence
de notre petite conférence, mais je vous
préviens que j'en profiterai pour vous interrompre si cela me fait plaisir, puisque,
disposant seul du rappel à l'ordre, je ne
craindrai pas ce que l'on appelle chez
nous les rigueurs du règlement.

L'ACADÉMICIEN. — Je reconnais d'a-
bord, ou je constate, que la composition
du discours du 3o novembre est très défectueuse ; mais cette composition défectueuse

tient, il faut le dire, au cadre que les circonstances imposaient au discours. Il fallait rendre compte du jugement des concours ouverts par l'Académie, concours qu'il était obligatoire d'apprécier les uns après les autres. A la Chambre des députés, orateur et non rapporteur, votre collègue était beaucoup plus libre de dire ce qu'il voulait, dans l'ordre qu'il voulait et au moment où il le voulait. Il n'était emprisonné que par ses interrupteurs.

LE DÉPUTÉ. — Oh ! ses interrupteurs, il en a fait ses complices ; ne leur a-t-il pas fait faire une partie de son discours?

L'ACADÉMICIEN. — C'est possible, on fait ce qu'on peut de ses adversaires, tant pis pour eux, s'ils font, malgré eux, le discours de celui qui les combat.

LE DÉPUTÉ. — Je ne dis pas non, mais si votre confrère avait fait au Palais-Bour-

bon le discours qu'il a prononcé sous votre
coupole, il se serait aperçu qu'il existe à la
Chambre un très grand nombre de positivistes, latents, et ces positivistes, blessés de
ce qu'ils ont considéré comme un manque
de respect à la mémoire d'Auguste Comte,
lui auraient enlevé certainement une bonne
moitié des applaudissements avec lesquels
il a été accueilli.

L'ACADÉMICIEN. — Nous reviendrons
plus tard au positivisme, si vous voulez ;
je parlais de la composition du discours ;
l'exorde a le ton d'une préface, et son but
est d'établir un lien entre les différents sujets qui vont être traités, mais c'est un lien
factice, et les jugements particuliers et
successifs que porte mon confrère sur des
concours très différents les uns des autres,
transforment son discours en une revue
de diverses questions philosophiques, ce

qui nuit beaucoup à l'effet. Il faut dire aussi que la discussion de l'orateur n'aurait pu satisfaire complètement ses auditeurs et porter la conviction dans leur esprit que s'ils avaient connu les ouvrages et les mémoires dont il s'agissait, et surtout les rapports de MM. Ch. Waddington, Alf. Fouillée, Bardoux et autres. Notre confrère a fait un rapport sur des rapports. Il a répondu à des rapports que ses auditeurs n'avaient pas lus, par la bonne raison qu'il n'en avait été publié qu'un très petit nombre dans le *Bulletin de l'Académie des Sciences morales*, bulletin qu'ouvrent rarement d'ailleurs les membres des autres académies. Il y a en outre, dans la préface du discours du 30 novembre, un premier défaut, c'est la manière dont le passé a été rattaché au présent. Il n'est pas aisé, de prime abord, de comprendre ce que vient faire Henri Heine dans cette affaire, avec son germanisme parisien, et tout de suite, après Sylvain Maréchal avec son manifeste des Égaux.

LE DÉPUTÉ. — C'est l'Allemagne et la France. Ce sont des rapprochements qui nous vont ; nous aimons assez qu'on fasse comprendre à nos adversaires à quel point l'imitation outrée et à tout bout de champ de l'Allemagne, nous paraît être une maladie, et nous ne sommes pas fâchés de leur faire savoir que cette maladie dont ils sont affligés nous ennuie beaucoup plus qu'elle ne nous apitoie.

L'ACADÉMICIEN. — Soyez sûr que l'Allemagne est très bonne à citer aussi dans une assemblée de savants, et personne de nous n'a le désir de nier que nous n'ayons profité de ses penseurs. Je ne reproche pas à notre confrère d'avoir

voulu chercher la filiation du socialisme
français et d'avoir été en Allemagne pour
l'étudier. Il n'était pas mauvais qu'il mon-
trât quelle était la nature du poison que
certains d'entre nous ont été chercher de
l'autre côté du Rhin, et qu'il nous fît res-
souvenir que ces Français, germanisés en
esprit, se sont empoisonnés d'abord, pour
nous empoisonner après eux ; aussi, suis-je
plus d'accord avec vous sur ce point que
vous ne paraissez le penser. Ce que je n'ai
pas très bien compris, ce n'est pas sa pointe
en Allemagne, c'est ce que je pourrais
appeler sa trilogie de Karl **Marx**, des socialistes chrétiens de 1848 et de Babœuf avec
Sylvain Maréchal. Pourquoi reprocher à
Karl Marx d'être un fils de rabbin? Est-ce
un crime d'être fils de rabbin pour ceux
qui ne sont pas antisémites, et mon confrère ne l'est pas? D'ailleurs Karl Marx

n'était pas fils de rabbin, pas même petit-
fils de rabbin. Est-ce l'expression qui est
impropre ou est-ce l'idée qui est obscure?
Mon confrère a expliqué son intention, il
est vrai; fils de rabbin voulait dire pour
lui, issu de rabbin, comme on dit fils de
Cham, de Sem ou de Japhet en parlant
des races de l'Afrique, de l'Asie ou de l'Europe, issues de Cham, de Sem et de Japhet.
Vous avez peut-être remarqué que l'expression de fils de rabbin, prononcée sous
la Coupole, a été changée en celle d'issu
de rabbin dans la seconde édition des discours. Karl Marx était bien d'une race de
rabbins et il en avait les défauts et les
qualités.

LE DÉPUTÉ. — Je trouve votre critique
assez peu fondée, au moins quand vous
dites qu'on paraît antisémite quand on reproche à un autre d'être d'une race de rab-

bins. Ce n'est pas être antisémite que de
relever un des traits caractéristiques de la
race juive. Ceux des juifs d'aujourd'hui qui
se consacrent à la philosophie, et il y en
a beaucoup parmi les universitaires du
jour, acquièrent un degré de subtilité qui
leur permet de faire passer par le trou
d'une aiguille les plus grosses questions
contemporaines. C'est un des caractères
des enfants des juifs, émancipés et natio-
nalisés chez nous par la Révolution, et ce
n'est pas être antisémite que de le remar-
quer. Est-ce qu'on est antifrançais, quand
on dit de nous qu'avec les qualités que
nous a reconnues César, nous avons encore aujourd'hui les défauts dont il a su
profiter pour *nous réduire jadis et nous
soumettre à la puissance romaine?*

L'ACADÉMICIEN. — Soit; mais la
chose aurait été mieux marquée, si mon

confrère s'était servi d'un petit écrit de
Karl Marx, dont la critique aurait éclairé
sa pensée.

En 1843, Karl Marx a fondé, de con-
cert avec Arnold Ruge, une revue pério-
dique qui devait être publiée en allemand, à Paris, sous le nom d'*Annales
franco-allemandes*, mais dont il n'a jamais
paru qu'une seule livraison contenant les
deux premiers numéros. Il est important
de s'y reporter si on veut asseoir sur Karl
Marx un jugement complet et surtout si l'on
veut comprendre la situation qu'il enten-
dait prendre et garder vis-à-vis de ses
coreligionnaires juifs. Il n'avait pas le
sentiment religieux et il ne souciait pas
de la religion. Il ne faisait guère de différence entre le juif et le chrétien; le chrétien étant pour lui un juif réformé, séparé
d'Israël et redevenu en quelque sorte juif

par atavisme. N'aimant ni les juifs ni les chrétiens qu'il considérait comme des juifs, il était bien ce qu'on appelle aujourd'hui un antisémite. A l'époque, d'ailleurs, où il a écrit dans les *Annales franco-allemandes*, la question des juifs ne se posait pas comme aujourd'hui ; ce qui préoccupait les hommes politiques d'alors, c'était l'émancipation des juifs, c'est-à-dire leur égalité civile et politique, égalité réalisée en grande partie à leur profit par la révolution française, mais restreinte assez notablement par l'Empire. En Allemagne, même en 1844, l'égalité n'existait pas pour les juifs au même degré qu'en France. En faire des citoyens, c'était les émanciper et les naturaliser en même temps.

Il y avait, du reste, une conception très contraire à l'idée religieuse juive dans la transformation qu'on voulait faire de leur

église libre et familiale en une religion
d'État ; le culte juif reconnu par l'État,
et signant en quelque sorte un concor-
dat, devenait en réalité une église nationale et hiérarchisée ; c'est bien ce qu'on
a fait en France de toutes les religions
sous l'impulsion de Napoléon, qui, par
crainte de la domination que pourraient
exercer les différents clergés, a voulu en
faire une catégorie spéciale de fonctionnaires, avec une hiérarchie inconnue
dans l'Église de Rome elle-même. On
a fait des archevêques les supérieurs des
évêques et on les a mis en état de dire,
comme monseigneur Bonnechose, qu'ils
faisaient marcher leur clergé comme un
régiment. On sait, d'autre part, que dans
l'ancienne religion juive le grand prêtre
était chargé uniquement de conserver la
pureté des sacrifices ; ce n'était pas une

domination cléricale, c'était une sauve-
garde contre les infractions à la loi de
Moïse. Il fallait soustraire les juifs aux
dangers de la fréquentation des Asiatiques
idolâtres et veiller à ce qu'ils ne transfor-
massent pas la nature même de leurs sacrifices, pour retourner au fétichisme et
au polythéisme. Que de fois le peuple en
a eu la tentation. C'est dans Babylone
que leur est venue la première idée du
culte du veau d'or. Jamais l'antique religion juive n'a été une religion d'État, et
Karl Marx avait gardé comme par atavisme un grand dégoût des religions
d'État; en cela, l'école libérale ne peut que
partager son avis. Il craignait les religions d'État esclaves du gouvernement,
et, en même temps, il était effrayé de la
solidité, de la longévité, et de la puissance
que l'État pouvait leur communiquer. Car

il proscrivait toute religion : la détruire était bien le fond de sa pensée, la religion lui apparaissant comme une idée née chez l'homme, pour être l'expression, qu'on peut appeler fantastique, de l'être humain. L'homme s'est rêvé en Dieu et s'est adoré ; telle est pour lui l'origine de la religion. La religion est pour Karl Marx comme la divinisation de l'homme physique et moral, mais elle est aussi l'*opium* du peuple et cet opium pris à forte dose endort la misère humaine. Telle était en quelques mots, si je l'ai bien comprise, la thèse de Karl Marx.

LE DÉPUTÉ. — C'est à peu près le discours prononcé par M. Jaurès à la fin de l'année 1893. « Mais qu'avez-vous fait par là? disait-il. Ah ! je le sais bien, ce n'était qu'une habitude et non pas une croyance qui survivait encore en un grand nombre d'esprits : mais cette habitude était, pour quelques-uns tout au moins, un calmant et un consolant. » N'est-ce pas absolument la même idée que celle de Karl Marx quand il parle de la religion comme d'un opium qui endort la misère humaine ? M. Jaurès, d'ailleurs, employait identiquement les mêmes expressions que Karl Marx dans sa dernière phrase : « Vous avez interrompu la vieille chanson *qui berçait la misère humaine.* »

L'ACADÉMICIEN. — Sans doute ; quoi d'étonnant d'ailleurs que de trouver des points de contact entre M. Jaurès et Karl Marx ; ils se ressemblent par bien des côtés. Quant à la conclusion de Karl Marx, elle est très simple : il faut abolir la religion. Si elle était abolie, l'homme se trouverait obligé de chercher le bonheur réel ; il y emploierait toute son énergie, mais il ne pourrait retrouver la plénitude de son énergie, qu'après avoir renoncé à une invention qui ne subsiste que par les illusions qu'elle a créées. C'est pourquoi Marx n'attachait pas beaucoup d'importance à l'émancipation des juifs ; il pouvait en résulter, selon lui, de mauvaises conséquences en raison du caractère juif qu'il jugeait avec la plus extrême sévérité. C'est ainsi qu'il s'exprimait, en 1844, dans les mêmes termes que les plus violents antisémites de nos jours : « Ne cherchons pas, disait-il, la mystérieuse force du juif dans sa religion, cherchons plutôt la force de la religion dans le vrai juif. Quelle est la cause, la cause sociale, du judaïsme? l'égoïsme. Quel est le culte véritable des juifs? l'usure. Quel est le vrai dieu des juifs! l'argent. ».

Ce qui n'empêche pas ce violent anti-

sémite de traiter les chrétiens aussi mal que
s'ils étaient des juifs parce qu'il ne voyait en
eux que des juifs réformés et, que la religion chrétienne n'est autre chose pour lui
que la religion de Moïse momentanément
modifiée par le Christ. Mais, malgré tout,
il était resté rabbin. Son esprit était le
même que l'esprit rabbinique des Mardochée dont il descendait. C'est un philoso-
sophe d'une subtilité extraordinaire, un
véritable rabbin au sens exact du mot, car
rabbin ne veut pas dire prêtre. Dans les
temps les plus retentissants de la civilisation juive, était rabbin tout homme sage
capable d'interpréter la loi. La vie civile
était indépendante de la vie religieuse en
plutôt tout sage était le prêtre de sa famille
et de ceux qui, sans être de sa famille, le
considéraient comme un sage.

Mais pour revenir aux défauts des Alle-

mands et à leurs qualités que j'apprécie, je
reconnais qu'à l'heure présente, il n'est
peut-être pas bon de trop prendre de leurs
qualités, afin de mieux nous prémunir
contre leurs défauts qui, transportés dans
notre politique militante, présenteraient les
plus graves dangers. Le prince de Bismarck
est un bien grand enjôleur au dehors
comme chez lui; il a tourné la tête aux
réorganisateurs de notre armée et à ceux
de notre enseignement public. Que de mal
n'a pas fait cette légende qui s'est emparée
au lendemain de la guerre, de tous les
esprits, quand on a dit que c'était l'institu-
teur allemand qui nous avait vaincus! Mais
là où l'imitation du prince de Bismarck a
fait le plus de mal, c'est dans le monde
politique en général, et particulièrement
chez ceux qui ont la responsabilité de nos
affaires intérieures. Quand on n'est pas un

petit Bismarck, on ne se croit pas suffisamment diplomate, et c'est par la diplo-
matie, paraît-il, qu'on vient à bout des
partis. On sait comment Bismarck a joué
avec le socialisme : il n'a pas demandé
mieux que de s'en servir pour faire peur
aux rois de la confédération impériale ; il
a joué aussi le même jeu avec les libre-
échangistes ; il a laissé courir le bruit de
son désir de réaliser une union douanière
européenne, préconisant le libre-échange
sur le vieux continent pour en faire l'instrument d'une sorte de blocus continental
dirigé contre l'Angleterre. Ses échanges
de vues avec l'économiste Molinari n'ont
pas laissé que d'être fort intéressants.
Pour le prince de Bismarck il n'y a pas
de questions économiques, il n'y a que
des questions politiques ; c'est la pure négation de toute doctrine, c'est l'opportu-

nisme élevé à la plus haute puissance,
renfermant en germe, si on l'applique chez
nous, tout à la fois, la trouée du boulan-
gisme, l'opportunisme de Gambetta, la
concentration républicaine de M. Isambert
et enfin la concentration radicale socialiste
de M. Bourgeois. Aussi le prince de Bismarck, comme il a été successivement
à tout le monde, s'est-il fait photogra-
phier dans les compagnies les plus dispa-
rates, avec des empereurs et des rois, et
une fois, ayant sur les genoux une personne qui ne représentait pas absolument
le côté héroïque du chancelier de fer.
Madame de Staël, qui au commencement
de ce siècle a si bien compris l'Allemagne,
quoiqu'elle n'ait jamais su un mot d'allemand, et grâce à une faculté extraordinaire qui lui donnait des intuitions de tout,
a dit un jour qu'en Allemagne il y avait

des penseurs sous terre et des grenadiers
dessus. Ce pourrait bien être l'avenir que
rêvent pour la France des penseurs sous
terre ou à fleur de terre, dont on voit, de
temps à autre, émerger les doctrines dans
notre monde politique et révolutionnaire.
Ils attendent le moment de placer sur le
sol des grenadiers pour servir d'auxiliaires
à leurs pensées à l'allemande.

LE DÉPUTÉ. — Poursuivez, orateur, je
vous écoute avec passion, comme l'a dit,
en l'interrompant, M. Jules Guesde à mon
collègue Léon Say, mais avec une passion
un peu obscurcie; je ne sais si c'est que
vous vous écartez de votre sujet, mais je
m'égare à vous suivre; si un peu de science
vous en écarte, j'espère que beaucoup de
science vous y ramènera.

L'ACADÉMICIEN. — Soit, d'autant plus
qu'avec vous il n'est pas besoin d'appuyer;

vous savez très bien quels sont les dessous de la politique, puisque c'est votre état de les approfondir. Il y a ce que, dans un langage un peu trop moderne pour moi, on nomme un état d'âme dans les foules politiques, un état d'âme que bien des gens, pour se grandir, veulent comparer à l'état des esprits au temps de l'anarchie du Directoire; ces politiciens-là, n'ayant pas de valeur par eux-mêmes, veulent faire croire qu'ils en auraient tout d'un coup, comme si la vocation devait leur venir par le téléphone, le jour où ils trouveraient à suivre ce qu'ils appellent *un chef quelconque*. Vous savez bien que ce sont les épicuriens de la politique, et que ces épicuriens, incapables de rien faire par eux-mêmes, ne demandent qu'à abdiquer au profit de n'importe qui.

LE DÉPUTÉ. — Vous prenez bien des

détours pour faire allusion à la concentration royaliste et boulangiste.

L'ACADÉMICIEN. —Je reviens à l'exorde, ou plutôt à la partie de son œuvre académique qui sert de lien aux différentes divisions du discours de mon confrère : il est clair que le socialisme scientifique de l'Allemagne est le père du socialisme scientifique français. Cependant Henri Heine était peut-être un peu trop 1830 pour être convenablement invoqué à titre d'explication de 1895. On peut trouver les germes de la révolution de 1848 et du socialisme de cette époque dans la passion qui animait les auteurs de la révolution de 1830 ; mais de 1848 à 1870 les choses avaient beaucoup changé. Henri Heine, avec son esprit toujours alerte et pétillant comme du champagne, était déjà très évaporé, et quant à Babeuf, je ne crois pas que sa vieille histoire soit très présente à l'esprit des socialistes de nos jours. Il y a quelque chose de forcé à nous faire ainsi passer d'Henri Heine à Babœuf pour arriver aux socialistes de 1895.

LE DÉPUTÉ. — Pas plus forcé que de nous faire passer des députés ultra-socialistes de la Chambre, aux propagandistes par le fait qui sont en dehors du Palais-Bourbon. D'ailleurs, c'est Allemane lui-même qui vous répond en ce qui concerne Babœuf. En tête du programme du parti ouvrier socialiste révolutionnaire, voici en effet ce que publie Allemane (Paris 1895) :

« Les origines des revendications formulées dans nos considérants et dans le programme de notre parti ouvrier, se trouvent dans le *Manifeste des Égaux* (1796) et dans celui des *Communistes* (1847), comme dans le *Manifeste de l'Association internationale des travailleurs* (1863). »

L'ACADÉMICIEN. — Je reconnais d'ailleurs que l'Introduction au discours du 30 novembre était nécessaire pour relier, quoique l'orateur n'y soit que très artificiellement arrivé, les deux parties principales de son discours, qui sont l'une le socialisme chrétien et l'argumentation sentimentale des prétendus bons socialistes, l'autre le positivisme d'Auguste Comte agrémenté d'ornements métaphysiques. Le sentiment, quand on entend par là la préoccupation du prochain, et ce qu'on appelle aujourd'hui l'altruisme n'est pas autre chose que la manifestation, digne des plus grands éloges, d'une conscience élevée. C'est un des noms de la vertu, et je reconnais que mon confrère y a rendu hommage. Ceux qui n'ont pas compris la réalité de cet

hommage n'ont pas rendu justice à notre
orateur. Le socialisme chrétien, même
lorsqu'il est dérivé du plus pur esprit de
charité et d'un amour sincère du prochain,
constitue cependant un très grand danger;
car ceux qui en sont les adeptes n'ont
généralement pas la notion exacte de la
distinction fondamentale à établir entre la
loi positive avec sanction pénale et la loi
morale dont la sanction ne peut se trouver
que dans la conscience, quel que soit le lieu
où chacun de nous place la direction de sa
conscience, que ce soit dans la Religion
ou dans la Raison. Je n'en dis pas davantage, je ne veux pas appuyer ni m'avancer;
je crains de mettre le pied sur un terrain
trop brûlant. Mais, ceci admis ou concédé,
est-il bien exact de dire que le socialisme
chrétien de 1848 ait eu un rôle aussi
différent que le prétend mon confrère,

de celui qu'il peut jouer aujourd'hui ?

Il est vrai qu'en 1848 le clergé catholique a béni tous les arbres de la liberté, qu'il s'est associé à la Révolution qui a mis fin à la royauté de Juillet; rien n'était d'ailleurs plus facile à prévoir que cette alliance. La Révolution de 1848 a été une revanche de celle de 1830. Les légitimistes y ont applaudi, et le clergé était alors bien autrement qu'aujourd'hui, surtout le bas clergé, engagé dans le parti légitimiste dont il subissait et aimait à subir l'influence.

Il ne faut pas oublier que le fameux article 7, qui a tant agité les esprits sous notre troisième République, avait été, en propres termes, un des fondements de la politique universitaire du gouvernement de Juillet. Si l'article 7 avait été voté par le Parlement, et si, en conséquence, les

décrets de Jules Ferry pour l'application
des fameuses lois existantes n'avaient pas
vu le jour, il n'y aurait eu aucune différence entre la politique scolaire de 1830
et celle de 1878. L'attitude du clergé, au
lendemain de la révolution de Février, est
donc très facile à expliquer par l'histoire
de la Restauration et par la Révolution
de 1830. Aussi rien n'était-il plus naturel
que ces processions de révolutionnaires
conduisant le curé au pied de l'arbre de
la liberté et lui demandant de le bénir.
Notre confrère a comparé ces démonstra-
tions où l'Église se mettait en avant,
en 1848, avec celles que font aujourd'hui
quelques prêtres et surtout les directeurs
laïques de certaines consciences catholi-
ques, et il y trouve l'indice d'une modi-
fication profonde de la position prise
par les socialistes chrétiens dans l'armée

qui monte aujourd'hui à l'assaut de notre
organisation sociale. Il y avait, à l'Assemblée nationale de 1848, de braves députés
républicains chrétiens, parmi lesquels figurait l'excellent Arnaud de l'Ariège, et ils
ont donné un démenti par leur rôle et
leur histoire, à cette doctrine historique que
les républicains chrétiens d'alors étaient les
alliés des socialistes, et marchaient à l'avant-
garde des révolutionnaires. Ceux-là ne se
sont jamais confondus avec les légitimistes.
D'un autre côté, je ne méconnais pas que
les concessions faites aujourd'hui aux
socialistes par certaines associations catho-
liques ne prêtent le flanc à l'opinion de
mon confrère, sur l'arrière-garde du jour.
Comme les chrétiens qui font les concessions auxquelles je fais allusion ont néanmoins, très certainement, au fond de leur
conscience, l'idée très arrêtée de ne pas

suivre les socialistes révolutionnaires jusqu'au bout, on peut dire d'eux qu'ils
sont loin derrière, c'est-à-dire à l'arrière-
garde. On peut donc, jusqu'à un certain
point, dire que c'était bien à l'avant-
garde que se trouvait le curé de 1848
quand il allait bénir l'arbre de la liberté,
et qu'il était suivi d'une foule où devaient
se recruter, cinq mois après, les insur-
gés de Juin. Et l'on peut dire aussi des
doctrinaires de l'école Le Play, dont il
ne faut d'ailleurs parler qu'avec respect,
mais qui ne savent pas suffisamment, au
sens de mon confrère, distinguer la loi
morale de la loi positive, on peut donc
dire d'eux qu'ils suivent à distance le
socialisme de 1895, et en conséquence,
si l'on considère cette école sociale comme
incorporée dans la masse de l'armée des
belligérants en marche contre notre orga-

nisation sociale, on peut dire d'elle qu'elle
est une arrière-garde. Elle suit : elle en a
et elle en aura des regrets, c'est une nouvelle forme de cette politique de la mort
dans l'âme, qui a perdu les partis moyens
dans tous les temps.

LE DÉPUTÉ. — N'êtes-vous pas las de
n'avoir pas été interrompu ? C'est qu'il est
bien difficile d'être à la fois dans la salle
pour interrompre, et au fauteuil pour ré-
primer les interruptions. Je me rappelle
Grévy, lorsqu'il présidait à Versailles l'Assemblée nationale, disant avec bonhomie,
de sa belle voix basse si bien timbrée, à
son jeune ami Viette, interrompant au pied
de la tribune : « Pourquoi interrompez-
vous, mon cher Viette ? Est-ce que j'in-
terromps, moi ? » — Montez au fauteuil, mon cher académicien, présidez
notre assemblée de deux personnages ; je

vous demande de ne pas m'interrompre plus qu'il ne faut, et je vais vous dire ce qu'on pense à la Chambre des députés.

L'ACADÉMICIEN. — Soit : soyez attentif à suivre ma loi, je vous donne la parole pour nous parler de l'effet du discours du 15 novembre sur les positivistes de la Chambre des députés, car vous avez dit tout à l'heure qu'il existe, dans la Chambre actuelle, un très grand nombre de positivistes latents.

LE DÉPUTÉ. — Cela est certain, il y a beaucoup de positivistes latents à la Chambre des députés, et ce sont ceux-là qui n'ont pas été satisfaits du discours de votre confrère, car ils tiennent beaucoup plus à la politique positiviste, fruit des dernières années du maître, qu'à sa philosophie, à laquelle Auguste Comte doit cependant la situation qu'il s'est faite dans

le monde de la science. Le positivisme
peut, en effet, d'autant mieux alimenter
de nombreux esprits très ouverts et très
divers qu'il est très divers lui-même. Il a
eu des variations; il a même, lui aussi,
passé par trois états, mais dans un ordre
qui n'est pas celui qui fait le fond de la
doctrine du maître. Il a été d'abord positiviste, puis métaphysicien, puis théologien. Quel est le lien, peut-on se demander
d'abord, qui réunit la philosophie positive, dont la méthode objective est la base,
à la politique positiviste, dont le principe
est une conception *a priori* de la politique jugée nécessaire, suivie de déductions
dignes, il est vrai, d'un très grand esprit
comme celui d'Auguste Comte, et enfin
comment concilier cette méthode objective
d'abord avec cet *a priori* politique et ensuite
avec la religion positiviste des dernières

11.

années où Comte a cru avoir définitivement raison de l'état théologique, des prêtres et des papes, en se faisant luimême théologien, prêtre et pape?

L'ACADÉMICIEN. — Mais cette confusion qui règne dans les esprits que passionne le positivisme n'est pas particulière aux hommes politiques français ; la même passion avec la même confusion s'est montrée ailleurs, dans l'Amérique du Sud, par exemple, et surtout dans la république fédérale du Brésil ; mais il faut, en même temps, ne pas oublier que les résultats de cette passion positiviste appliquée à la politique du nouveau monde, ne sont certes pas faits pour séduire notre vieux continent.

LE DÉPUTÉ. — Sans doute ; mais n'anticipons pas. C'est Gambetta, et même le Gambetta d'avant 1870, c'est Ferry et ses amis, qui ont mis à la mode, je ne dirai pas la science ni même l'idée, mais ce que j'appellerai le sentiment positiviste. L'éclat jeté par le positivisme au Brésil par l'école du Benjamin Constant du nouveau monde est postérieur.

L'ACADÉMICIEN. — Oui, je sais bien quelle était la valeur du Benjamin Constant brésilien. C'était un homme supérieur et un positiviste convaincu. Il a introduit le positivisme dans le gouvernement, et sa réforme a été jusqu'à vouloir faire entrer dans les mœurs brésiliennes le calendrier positiviste, qui est ainsi devenu pendant quelque temps, le calendrier officiel de la grande république fédérale.

Je sais aussi que les disciples d'Auguste Comte peuvent être conservateurs sans être hérésiarques, et le Benjamin Constant du Brésil se croyait peut-être conservateur. On trouve aisément, dans l'œuvre du maître, des passages comme celui-ci : « Le parti révolutionnaire est le plus nuisible et le plus arriéré de tous les partis actuels. Seul, il nie le besoin d'une reconstruction spirituelle à laquelle il se sent incapable de pourvoir et s'efforce de concentrer les aspirations populaires vers l'élaboration des réformes matérielles, consistant surtout à détruire. »

Mais n'oubliez pas que la grande république fédérale du sud de l'Amérique, sur 14 à 15 millions de citoyens, compte de 85 à 90 p. 100 d'individus de pure race noire ou de métis de nègres et de blancs, et d'autres résultant du croisement des nègres ou métis de nègres, avec les Indiens aborigènes; de sorte que les autres races, la portugaise et l'européenne du

Centre et du Nord, ne comptent dans l'ensemble que pour 10 à 15 p. cent.

Sans vouloir rabaisser le mérite des esprits distingués de l'État de Saint-Paul, on peut rappeler aux chefs du positivisme dont Benjamin Constant a été le plus illustre, ces paroles d'Auguste Comte sur la supériorité de la race noire résultant de cette particularité qu'elle est rebelle à la métaphysique. « La touchante logique des nègres est donc plus sage que notre sécheresse académique qui, sous le prétexte d'une impartialité toujours impossible, consacre ordinairement le soupçon et la crainte », et aussi ces autres paroles : « Aux yeux d'un vrai philosophe, la naïve ignorance qui distingue les humbles penseurs de l'Afrique centrale, est plus estimable, même en rationalité, que le pompeux verbiage des superbes docteurs germaniques, car elle résulte d'un sentiment réel, quoique confus, de la précocité de telles théories, pour quiconque reste dépourvu de la base scientifique à laquelle nos métaphysiciens sont plus honteusement attachés que les moindres nègres. » Aussi, Auguste Comte avait-il prédit le succès de sa philosophie dans l'Amérique du Sud. Il a été bon prophète ; son succès y a été incontestable, ce qui ne veut pas dire qu'il en soit résulté chez ces peuples un progrès dans l'art du gouvernement.

Où et comment Gambetta a-t-il fait acte de positivisme ? Vous faites allusion à des circonstances qui ne sont plus présentes à ma mémoire.

LE DÉPUTÉ. — Gambetta était lié avec les positivistes, mais je ne crois pas qu'il se souciât beaucoup de leurs luttes intestines ; il a connu Congrève, ce pasteur positiviste de ce que j'appellerai la secte anglaise, et il a beaucoup connu également le vénérable M. Laffitte, qui est resté le disciple le plus fidèle d'Auguste Comte. Enfin Gambetta honorait et aimait Littré; il le considérait comme un positiviste à l'égal des autres représentants des autres idées positivistes. Vous vous rappelez l'incident du transfert d'une section de l'École polytechnique en province pendant la guerre.

L'ACADÉMICIEN. — Mais, pendant la guerre, il n'y a pas eu d'École polytechnique : tous, les anciens et les nouveaux, se sont engagés et sont partis pour l'armée.

LE DÉPUTÉ. — Sans doute, mais les nouveaux avaient d'abord été réunis à Bordeaux. On voulait les mettre à Pau dans le château d'Henri IV; mais le château de Pau était encombré par toutes sortes de services que la mobilisation y avait installés, et Gambetta prit un décret pour les faire venir à Bordeaux : il y organisa un corps de professeurs, et nomma Littré professeur d'histoire à cette section de l'École polytechnique. Le 1ᵉʳ février 1871, Littré y a fait sa première leçon. Vous auriez pu lire tout cela dans *la Gironde* d'alors.

L'ACADÉMICIEN. — Dans *la Gironde!* Mais, certes, si j'avais pu recevoir *la Gironde*, et si j'avais pu savoir par *la Gironde* ce qui se passait à Pau et à Bordeaux, j'aurais fait mon profit de bien d'autres nouvelles que des nouvelles de l'École polytechnique; j'aurais eu des nouvelles de ma famille qui était à Pau, pendant que j'étais enfermé à Paris, où, vous devez bien le comprendre, le service de *la Gironde* ne se faisait pas régulièrement.

LE DÉPUTÉ. — Eh bien, le 1ᵉʳ février 1871,
Littré a fait une leçon d'histoire à l'École
polytechnique, mais il n'en a fait qu'une.
Les élèves demandèrent naturellement avec
un ensemble qui leur a fait le plus grand
honneur, à être incorporés immédia-
tement dans l'armée, et leur demande fut
accueillie par le gouvernement. Tous les
cours théoriques furent dès lors sus-
pendus; bientôt après survint l'armistice,
puis le transfert de l'Assemblée nationale
à Versailles, la victoire de l'armée nationale sur l'armée de la Commune, et
l'École polytechnique est rentrée à Paris.
En commençant sa première et unique
leçon de Bordeaux, Littré a déclaré qu'il
manquerait à la fois à l'équité et à la reconnaissance s'il ne disait que celui qui a
donné la forme vraiment scientifique aux
notions historiques était Auguste Comte.

et s'il n'ajoutait que c'était son livre qui
lui servirait de flambeau dans les développements qu'il donnerait à son cours.
Or, tout le monde sait que Littré s'est
séparé d'Auguste Comte peu de temps
après la publication de sa politique
positive, et pour ne pas y adhérer, et
après sa fantastique invention d'une Commune de Paris, souvenir de la Commune
de 1793 et préface de la Commune
de 1871 : la Commune d'Auguste Comte
devait gouverner la France pendant que
poursuivrait ses travaux constitutionnels,
une Assemblée constituante, nommée dans
des conditions tout à fait revolutionnaires
et chargée de refaire une France nouvelle, et enfin, surtout après qu'Auguste
Comte eut adhéré au coup d'État du
2 décembre. Gambetta savait très bien
quel était l'état d'esprit de Littré, dont il

faisait un professeur d'Histoire positiviste à
l'École polytechnique, mais il employait
le nom d'Auguste Comte pour ainsi dire
en bloc, et quand il parlait de la philosophie positiviste, il ne faisait point de
distinction entre les idées successives du
maître ; c'est ce qui explique son discours
de Bordeaux sur la science, du 4 janvier 1871, et sa lettre à Littré du 7 janvier,
dans laquelle il disait : « À la cérémonie
de réouverture de l'École j'ai eu l'occasion de prononcer un discours où je me
suis appliqué à grandir, à exalter le rôle
de la science dans le monde, où je me
suis, autant que j'ai pu, inspiré des grands
principes de la *philosophie moderne*, et où
j'ai tâché de ramener l'École polytechnique
à l'ancien régime de sa constitution qui est
l'esprit même de la révolution française.
C'est pour cette raison que j'ai mis le

cours d'histoire générale au premier rang,
et je vous demande, mon cher concitoyen,
en souvenir des illustres fondateurs de
l'École polytechnique, les contemporains
de Michel-François Littré, votre vénérable
père, qui avait de si fortes et de si justes
idées sur l'éducation publique, de vouloir
bien distribuer aux jeunes gens des générations nouvelles, un enseignement substan-
tiel et solide, qui complète et développe
leurs intelligences trop absorbées par des
études exclusivement professionnelles. »
Pour Gambetta, il n'y avait pas de différence entre les deux expressions : philo—
sophie moderne ou philosophie positive. Il
est certain que beaucoup d'hommes politi—
ques ont été entraînés à la suite de Gambetta, et que Gambetta lui-même a tout fait
pour qu'il en fût ainsi. Le 5 janvier 1873,
dans un dîner offert à Littré à l'occasion de

l'achèvement de son beau dictionnaire de la langue française, Gambetta avait déclaré que la philosophie positive était la sienne, et cette déclaration il l'avait faite dans un discours très applaudi, entouré d'un grand nombre de députés, ou futurs députés comme MM. Boysset, Castelnau, Laurent Pichat, de Mahy, Naquet, Taberley et Antonin Dubost. Sept années plus tard, dans le grand amphithéâtre de la Sorbonne, le 12 décembre 1880, à propos du cinquantième anniversaire de la fondation de l'Association polytechnique, Gambetta a prononcé un très grand discours, où il a appelé Auguste Comte le plus puissant penseur du siècle, en caractérisant « cette méthode sévèrement tracée, plus sévèrement pratiquée, qui a été la philosophie du plus *puissant penseur du siècle*, celui dont les idées pénètrent aujourd'hui partout, d'Auguste Comte. » Jules Ferry, qui a eu cependant de grands démêlés avec Gambetta, était pourtant positiviste comme lui, et j'ajouterai dans des conditions semblables, et certainement Ferry, qui a lutté avec tant de courage pendant le siège et après, contre les révolutionnaires de la Commune, n'a jamais partagé, pas plus que Gambetta, les idées d'Auguste Comte sur la Commune tyrannique dont il donnait le modèle en 1848, ni sur le coup d'État de 1851 auquel, il est triste de dire que le grand penseur avait adhéré.

L'ACADÉMICIEN. — Vous me faites songer à un phénomène malheureusement bien fréquent, c'est celui de très grands esprits, de philosophes et de savants de génie, qui sans cesse occupés de choses éternelles et très supérieures à toutes les petites agitations du siècle où ils vivent, deviennent, parce qu'ils méprisent leur siècle, un peu trop indifférents aux luttes des partis politiques, et même quelquefois aux déchirements, aux désastres et aux souffrances qui naissent des discordes civiles. Ils en pensent ce qu'en penseront plus tard, dans quelques centaines et centaines d'années, les penseurs de l'avenir qui se contenteront de constater les progrès faits par l'humanité depuis les époques de troubles des générations passées et qui ne seront que médiocrement émus de cataclysmes qui n'auront fait périr ni le monde, ni l'humanité.

Nous en avons connu beaucoup chez nous depuis cent ans, qui, quoique ayant l'air de vivre de notre vie et de partager nos émotions, ont eu beaucoup de ressemblance avec l'homme de J.-J. Rousseau qui se demandait si on ne pouvait pas tuer le mandarin.

L'ACADÉMICIEN. — J.-J. Rousseau ou Chateaubriand? car Chateaubriand a dit : « Je m'interroge, je me fais cette question : si tu pouvais, par un seul désir, tuer un homme à la Chine et hériter de sa fortune en Europe, avec la conviction surnaturelle qu'on n'en saurait jamais rien, consentirais-tu à former ce désir? »

LE DÉPUTÉ. — J.-J. Rousseau ou Chateaubriand, cela m'est égal; Balzac, dit J.-J. Rousseau, et vous, vous dites Chateaubriand; si ce n'est que Chateaubriand pose la question et que Rousseau la résoud et la résoud tristement pour l'humanité en disant : « Qui de nous ne pousserait le bouton et ne tuerait le mandarin? » Je ne veux pas dire que les grands hommes, les génies de la science et de la philosophie, tueraient le mandarin, mais il y en a beaucoup qui sont indifférents à ce

qui se passe de mauvais sur la terre, tant
que le cours des astres n'en est pas arrêté
et que les corps simples ont *l'honneur*,
comme disait un grand chimiste à un
prince du sang, de se combiner devant
eux. Aussi, depuis le commencement du
siècle, pendant et après la Révolution, que
de grands esprits, que de génies même n'a-
vons-nous pas connus, qui nous ont étonnés
par leurs aberrations politiques, et par la
facilité avec laquelle ils s'accoutumaient à
passer d'une tyrannie à une autre tyrannie.
Les grands esprits ne sont pas toujours
libéraux, parce que le libéralisme est le
ménage de la vie et que les affaires de
ménage sont dédaignées par les grands
hommes.

Le ménage de l'Univers et le ménage
de l'Humanité sont choses si hautes qu'on
ne s'y inquiète guère de notre petit mé-

nage au jour le jour, de notre petit ménage à nous, du vôtre et du mien.

LE DÉPUTÉ. — Quant à moi, je suis, il faut l'avouer, de la politique de tous les jours, de ce que vous appelez la politique du petit ménage, et je crois que Ferry, qui avait l'esprit très pratique, ne se perdait pas dans les nuages où habitent les grands hommes dont vous parlez. Ce qui l'avait frappé certainement dans Auguste Comte, c'était la doctrine des trois états qui se transforment en se succédant à mesure que l'humanité fait des progrès, l'état théologique, l'état métaphysique et l'état positiviste.

L'état théologique étant inférieur, les derniers vestiges doivent en disparaître et les derniers vestiges qui subsistent aujourd'hui de l'état théologique ce sont les cultes, ce sont les prêtres.

Mais à la façon d'A. Comte, dernière manière, il ne niait pas la métaphysique, et, dans une certaine mesure, il estimait que la métaphysique ne devait pas être absolument condamnée.

L'ACADÉMICIEN. — Certainement, et je ne l'en blâme pas, je suis d'accord avec M. Fouillée, quand il a dit : « Les trois grands défauts du Positivisme ont été en premier lieu la négation de la psychologie, en second lieu, comme conséquence, une idée fausse de la métaphysique et de cette recherche du réel qu'Auguste Comte prend pour une spéculation sur les entités, en troisième lieu enfin, une idée incomplète de la religion conçue comme humaine et non comme universelle ».

Les hommes politiques, engagés dans la lutte poursuivie en vue de rendre l'État indépendant du clergé, ont dû nécessairemont être frappés de l'appui que pouvait leur offrir un philosophe qui fondait sa doctrine sur l'évolution historique des peuples passant de l'état théologique à l'état métaphysique, puis de l'état métaphysique à l'état positif. L'état théologique, caractérisé pour eux par la domination du clergé, ayant été considéré par le Positivisme comme l'indice d'une civilisation embryonnaire et basse, c'est au Positivisme qu'ils se sont rattachés. Mais ils n'ont pas voulu comprendre que le cléricalisme n'avait pas grand rapport avec cet état particulier des civilisations de l'enfance de l'humanité, ni avec le progrès d'une évolution qui acheminait cette humanité grandissante à des états ou à des âges où la pensée humaine devait s'élever de plus en plus haut.

L'état ou l'âge théologique d'Auguste

Comte est celui où les faits sont expliqués par une intuition personnelle, issue de la volonté, celui où les conceptions *a priori*, forment le point de départ de l'interprétation des phénomènes; tandis que l'état ou l'âge métaphysique est celui de l'abstraction et de l'ontologie avec la prétention d'atteindre l'essence même des êtres et des choses. Mais là où il reste des partis pris, c'est-à-dire des conceptions *a priori*, la raison n'obtient pas une satisfaction complète: aussi le dernier état est-il celui où l'homme est suffisamment préparé à se contenter de l'aspect objectif des faits et de leur étude expérimentale. C'est l'âge définitif où doit aboutir l'humanité arrivée à son suprême développement; c'est l'état positif ou positiviste.

La religion, avec un clergé et son organisation plus ou moins dominatrice du

monde politique et civil, est d'ailleurs
tout à fait indépendante de cet âge ou de
cet état primitif où l'homme crée son
sujet pour en faire ensuite l'objet de son
étude. La religion peut certainement
avoir une base *a priori*, et trouver son
origine dans une conception de l'esprit,
ou dans un besoin de l'âme, mais ce
n'est là qu'un des points de vue, un point
de vue important, le plus important si
vous voulez de l'état théologique; mais ce
n'est pas le seul, ce n'est pas celui auquel
Auguste Comte attachait le plus grand
prix. La philosophie positiviste a pour règle
de négliger ce qu'elle ne connaît pas, mais
ce qu'elle ne connaît pas, elle ne le nie
pas. Voilà le point capital de la doctrine.
La négation de l'Être suprême, du Dieu
qui poursuit son œuvre sur un plan, ne
se trouve pas dans la philosophie de

l'inconnaissable et de la méthode objective.

LE DÉPUTÉ. — Je vois où vous voulez
en venir. J'ai lu il y a quelques jours
dans le *Journal des Économistes* de la
librairie Guillaumin, la déclaration de
guerre en trois langues qu'Herbert Spencer
vient ces jours-ci d'adresser à lord Salisbury.

L'ACADÉMICIEN. — Je ne dis pas non
et je ne demande pas mieux que d'en
parler avec vous. Vous vous rappelez donc
que lord Salisbury, comme président de
l'Association britannique pour l'avancement des sciences, a prononcé à Oxford
au mois d'août 1894 un grand discours
contre la doctrine de l'évolution qui aurait.
suivant lui, la prétention de démontrer
l'existence antérieure d'un ancêtre commun
à tous les êtres vivants. Lord Salisbury a

opposé à cette doctrine celle de la création et l'idée religieuse qui en est le support.

Ce qui semble avoir le plus irrité le
philosophe anglais, c'est que notre Académie des sciences a laissé passer sans
protestation, l'éloge du discours du premier ministre d'Angleterre, éloge fait
chez nous par un de nos confrères. Or
qu'y a-t-il de plus important, au point de
vue où nous nous sommes mis en causant, si ce n'est la contradiction qui apparaît entre la création par un être dominateur du monde et de l'humanité, et la
transformation successive de la matière,
passant de l'inorganique à l'organique, et
de l'animal placé au plus bas degré de
l'échelle des êtres, à l'homme même, qui
puisqu'il est un être pensant, est arrivé à
ce qui doit être considéré comme le som-

met le plus élevé que la nature puisse atteindre dans son évolution ?

Lord Salisbury ne voit que deux solutions à la plus haute question philosophique que se pose l'humanité : la pensée du monde a créé les êtres sur un plan ; ou la matière, par son évolution, s'est transformée et est devenue l'être pensant qui est l'homme.

Mais la philosophie d'Herbert Spencer pose le problème tout autrement. Elle étudie les faits et rencontre tant dans le monde des êtres disparus, qu'on appelle *les fossiles*, que dans le monde des êtres actuels qu'on appelle *les vivants*, des millions d'espèces, et elle croit apercevoir dans un très grand nombre de ces espèces autre chose que des êtres d'un type absolu ; il lui semble que ce peuvent être, au contraire, des variétés d'un genre à trouver et dont l'existence possible, à un des moments de la nature, fait supposer entre les variétés qui frappent nos yeux, des rapports de filiation.

S'il y a eu des millions d'espèces, y a-t-il eu des millions de créations spéciales ou bien y a-t-il eu plusieurs *commencements*, c'est-à-dire un plus petit nombre de genres qui se sont développés dans un ordre à déterminer en une grande quantité de variétés différentes? Il y a, si l'on poursuit cette étude, des faits curieux à dégager et on en a déjà observé quelques-uns, sans sortir, bien entendu, de la méthode objective. On peut, pour rendre les observations plus riches en résultats positifs, faire sur la filiation des êtres, des hypothèses à vérifier par la méthode déductive et expérimentale. Il n'y a rien là dedans qui soit en contradiction avec la *Méthode*. N'est-ce pas une science de progrès que celle qui procède de cette manière?

La théorie de Lord Salisbury est-elle, d'autre part, celle d'une création unique et cette théorie hypothétique repose-t-elle sur un commencement de preuves tiré d'autre chose que d'une conception imaginative dont la religion a fixé *l'idée* sans que l'étude des faits ait été appelée à la contrôler?

Qu'on oppose des faits à des faits: n'y a-t-il pas lieu de le désirer? Ne pourra-t-on pas alors se trouver en face de *commence-ments* divers et n'aura-t-on pas à constater des progrès dans une certaine direction pouvant dériver de chacun de ces *com-mencements* divers.

Mais qu'on se trouve en présence d'une création unique, ou de dix millions de créations successives ou non, en quoi la

grande question de la création aura-t-elle
été résolue? Est-il plus facile de concevoir
des millions de créations qu'une seule
création ou inversement?

Je ne vois pas que la philosophie positive ou positiviste, non plus que la philosophie de l'évolution, je ne vois pas
qu'Auguste Comte non plus qu'Herbert
Spencer, ait jamais eu la prétention
d'avoir atteint ou de pouvoir atteindre
l'essence de l'être. Pour eux l'Inconnu
reste l'*Inconnaissable*, aussi longtemps
qu'il ne s'est pas révélé dans les faits, de
même qu'un corps simple reste un corps
simple aussi longtemps qu'il n'a pas été
décomposé en plusieurs corps différents.

Qu'on cherche l'*au delà* par la religion
ou par la science, il n'en reste pas moins
vrai qu'il y a toujours un point de départ
inconnu. On ne s'en occupe pas dans ce

qu'Auguste Comte appelle l'*état* positif ou positiviste, mais on ne nie rien, et si l'humanité trouve un jour la solution de ce qui est l'*Inconnaissable* d'aujourd'hui, il n'en restera pas moins à résoudre et la question philosophique de la religion et la question politique du cléricalisme et de son antagonisme avec le pouvoir civil. Cela veut dire tout simplement que la *Domination* sera toujours en opposition avec l'*Indépendance* ou bien, si vous voulez, qu'il n'y a pas d'autre problème politique que celui de la conciliation de l'autorité avec la liberté, de l'État avec l'Individu. Nous voilà, comme vous le voyez, retombés de bien haut sur la terre.

Je ne veux d'ailleurs tirer de toutes ces réflexions que cette conséquence : c'est que la politique n'a rien à voir avec le positivisme; que l'on peut être positiviste ou ne pas l'être, car on ne trouve pas, dans le positivisme, l'idée d'une direction politique pratique qu'il soit possible ou désirable de donner à tel ou tel parti politique.

LE DÉPUTÉ. — Vous êtes sceptique, mon cher philosophe, peut-être même éclectique, à ce que je vois.

L'ACADÉMICIEN. — Loin de là, mais je distingue les terrains et, pour employer une image qui pourra peut-être me valoir la bienveillance d'un amoureux de l'évolution, je dirai que chacun peut évoluer sur son propre terrain sans avoir besoin, pour faire de la bonne politique, d'en sortir pour évoluer sur celui du voisin. Nous pouvons arriver, en politique, à des conclusions fort rapprochées, identiques au besoin, si nous ne voulons pas nous annexer par la conquête et la force, le terrain situé à côté du nôtre et qui ne nous appartient pas.

J'ai le droit de dire que positivisme et politique évoluent sur des terrains différents. Positivistes ou non, nous pouvons nous rencontrer en politique dans le *libéralisme*. Positivistes ou non, nos adversaires peuvent se rencontrer en politique dans le *socialisme*.

LE DÉPUTÉ. — C'est une conclusion et elle ne fait pas obstacle à la concentration d'hommes politiques qui pensent de même en politique quoique appartenant à des écoles philosophiques différentes. Peut-être même est-ce exagéré d'appeler *concentration* la réunion de ceux qui ont les mêmes opinions; mais concentration est une expression à la mode dont il est utile de se servir; aussi bien, aimerais-je à en rester là; je finirais, en continuant, par

me griser de votre philosophie et je me
perdrais dans une métaphysique de plus
en plus obscure ou élevée, car les deux
qualificatifs pourraient bien être syno-
nymes; d'ailleurs je ne tiens pas à mon ad-
jectif, et je ne veux pas me faire décidé-
ment excommunier par ceux qui parlent
avec le plus d'autorité au nom d'Auguste
Comte.

Je vais raconter notre petite conversation à Léon Say; je lui ai déjà parlé de
mes critiques et quand je lui en ai parlé,
il faut dire que je soupçonnais déjà les
vôtres; je lui en ai même fait entrevoir
les principales. Je lui ai recommandé de
prendre garde à son *fils de rabbin* qui lui
est reproché par des généalogistes de la
plus haute compétence. Il m'a répondu :
« *fils de rabbin, fils de rabbin : Tarte à la
crème* ». Je vais maintenant le pousser

plus à fond, grâce à vous, en me servant de vos arguments philosophiques. Me répondre : *Tarte à la crème*, comme dans la critique de *l'École des femmes*, serait peut-être déplacé de sa part, mais il trouvera quelque autre chose, car finesse ou heureuse chance, il nous connaît bien et il m'a laissé entendre qu'il pourrait bien, si nous causions ensemble, en savoir autant sur ce que nous dirions que s'il avait été présent à notre conversation et, pour terminer notre entretien et me couper la parole, il serait capable non pas de m'envoyer promener, mais d'appeler son domestique toujours comme Molière et de lui faire dire : « *Monsieur, on a servi sur table* ».

L'ACADÉMICIEN. — *La conversation ne peut pas mieux finir et nous ferons bien d'en demeurer là.*

BANQUET

DE

L'UNION LIBÉRALE

14 janvier 1896

Messieurs, j'entre sans exorde dans le
sujet que vient de m'assigner notre président. Le budget de 1896 a été voté
avant la fin de l'année; les douzièmes
provisoires ont été évités. Le cabinet radical socialiste, au pouvoir depuis deux
mois et demi seulement, a réussi, dit-il,
à remettre toutes choses à leur place. Le
Sénat a reçu le budget le 14 décembre et
l'a discuté en six jours; l'accord s'est éta-
bli très facilement entre les deux Chambres après un court va-et-vient qui n'a

pris que deux jours. Aussi le président
du Conseil a-t-il pu, à Lyon, monter au
Capitole en rappelant ces faits, et il y a
fait monter avec lui le ministre des
finances dont la puissance de travail a
dépassé toutes les espérances.

Mais, après avoir achevé de se remémorer, afin de bien comprendre le discours de Lyon, l'histoire abrégée du mois
de décembre 1895, il faut passer à l'histoire des premiers jours de l'année 1896,
et on s'aperçoit alors que les douzièmes
provisoires, si odieux au radicalisme,
quoique l'obstruction radicale en ait toujours été la cause, subsistent encore cette
année et n'ont fait que changer de nom.

Le budget promulgué le 30 décembre
1895 n'est qu'un budget préalable. Les
articles qui en ont été détachés, et qui en
formaient la partie la plus essentielle, n'ont

point encore force de loi ; ils deviendront les sections, ultérieurement et successivement promulguées, d'un budget complémentaire. Il n'y aura, en réalité, de budget définitivement achevé que le jour où les sections complémentaires dont il s'agit auront été rattachées au chapitre des recettes et des dépenses de 1896 et aux dispositions générales de la loi de finances du 30 décembre 1895.

Le budget préalable comprend tout ce qui avait été l'objet d'un accord dans le Parlement avant la chute du précédent Cabinet. Le budget complémentaire, qui remplacera les douzièmes provisoires, sera terminé, on ne sait quand, et à la condition de mettre un jour d'accord de nombreux intérêts locaux, difficiles, quelquefois même impossibles à concilier. Le budget nouveau sera déposé avant que l'ancien ait été achevé, et ce budget sera l'expression de la politique financière du ministère radical-socialiste, présidé par M. Bourgeois. Il éclairera l'avenir et décidera de notre sort et de celui du Cabinet.

Ce qui apparaît, dans la conduite et les discours des membres du cabinet, et surtout dans le discours de Lyon, c'est que le ministère radical a la volonté de faire triompher une politique socialiste d'un genre spécial. Son programme financier consacre, à la vérité, plusieurs genres de socialisme; mais celui qui domine, c'est, à proprement parler, le socialisme d'État. L'idée socialiste est contenue dans le budget, sans y faire obstacle à l'idée fiscale; car le prochain budget sera fiscal et inquisitorial avant tout, et visera la richesse un peu à tort et à travers, cherchant à l'atteindre, on s'en vante même, là où elle a été accumulée, la consommant gloutonnement sans compter, et arrivant à cette consommation au détriment de la richesse nationale. Au lieu de chercher la richesse du budget dans la richesse croissante de la France, on va tendre à diminuer la richesse existante en appauvrissant d'autant le pays. Le revenu de l'État devrait être simplement une part de la moisson annuelle. Mais si l'on suit les conseils du ministère, il s'accroîtra, en outre, d'une portion du fonds sur lequel la moisson ne pourra plus être récoltée l'année suivante. Le ministre des finances, plus explicite d'ailleurs que le président du conseil, a déclaré devant la commission du Sénat, en discutant la loi sur les droits successoraux, que ce que le gouvernement jugeait essentiel dans cette loi, ce n'était pas le principe de la déduc-

tion des dettes, mais bien l'introduction,
dans notre régime fiscal, du système de
la progression, et le ministre des finances
est assez éclairé pour savoir que, si le
progressif est l'instrument le plus propre
à enrichir un budget, c'est à la condition
de ne pas craindre, pour y arriver, d'ap-
pauvrir le pays. Il a, en outre, ce que les
socialistes considèrent comme le fonde-
ment de leur politique financière, la vertu
de modifier la distribution de la richesse
entre les citoyens.

Mais il faut bien de l'argent, on le
répète sans cesse, et la fiscalité est nécessaire au développement du socialisme
paternel dont le chef du Cabinet a fait
un éloge sans réserves. Cette dernière
politique à laquelle nous venons de faire
allusion est la plus coûteuse de toutes les
politiques financières; elle consiste, en

effet, à englober dans le budget général, en les y jetant comme dans un gouffre, les budgets particuliers du plus grand nombre de citoyens. Vous serez soignés par l'État ; vos dépenses hygiéniques seront supportées par l'État; les risques de votre vie seront couverts par des allocations de l'État; tout ce que vous dépensez vous-même, ou plutôt tout ce que vous voudriez pouvoir dépenser vous-même, sera dépensé à votre place par l'État, et la masse des petits budgets de la dépense particulière, ajoutée aux dépenses normales de l'État, constituera le plus formidable budget de dépenses qu'on puisse imaginer. Quant aux ressources, on y pourvoira par l'impôt; c'est bien simple : la richesse de la France n'est-elle pas inépuisable, et son crédit n'est-il pas le premier du monde? La France

n'a-t-elle pas enfermé dans des caisses
semi privées, semi publiques, des métaux
précieux dont les certificats de dépôt sont
entre les mains de tout le monde, et qui
constituent un trésor de paix et un trésor
de guerre? Peut-il y avoir des obstacles
impossibles, ou même simplement difficiles à surmonter, pour ceux qui ont la
ferme résolution et le courage de marcher
en avant, et qui, pour réaliser leurs expériences, appellent à leur aide tous les
hommes de bonne volonté? Est-ce que la
bonne volonté ne suffit pas à tout?

Cet appel aux hommes de bonne
volonté, à qui le ministère actuel l'adresse-
t-il de préférence? Il suffit, pour s'en
rendre compte, d'en considérer la composition et aussi celle de la majorité qui le
soutient. M. le président du Conseil s'est
prononcé contre les ralliés, et c'est ce que

nous n'avons pas très bien compris de sa
part; car les ralliés sont autour de lui et
en lui : bonapartistes d'autrefois qui ont
traqué, il y a trente ans, les républicains
au nom de la loi de Sûreté générale, et
qui les traquent encore aujourd'hui, sans
doute parce qu'ils sont restés républicains;
boulangistes revisionnistes d'il y a quelques années, qui voulaient faire la fameuse
trouée; sans compter quelques rancuniers
de la droite monarchiste, qui avaient
espéré jadis passer par cette trouée, et
qui ont regretté qu'elle n'eût pas été faite.
Enfin le ministère s'appuie sur les socialistes de toutes catégories : d'abord les
socialistes philosophes, doctrinaires, politiciens, disposant d'une foule qu'ils sug-
gestionnent par leur éloquence et leur
prestige; puis les socialistes ouvriers qui
attendent avec patience les destructions

inévitables, pour, au jour de la débâcle,
se saisir du pouvoir politique et s'en servir, bien entendu, exclusivement à leur
profit. Voilà l'armée active du Cabinet
d'aujourd'hui. Ce qui confond, c'est
l'erreur, qui pourrait passer pour naïve,
de personnages qui ont cependant une
expérience consommée, lorsque, pour
avoir leur franc parler et leur franc jeu,
pour ne point être victimes d'obstructions,
et ne pas recevoir des démentis qui aillent
plus loin que l'abstention, ils ont osé
conclure ce qu'on peut appeler le *pacte de
Carmaux*.

Le pacte de Carmaux, dont la sanction
a été la disgrâce d'un préfet courageux, a
eu pour objet la concession des grands
fiefs électoraux aux grands seigneurs du
socialisme. L'un a la ville qu'il appelle
la Ville Sainte du Nord, il en est le grand

prêtre ; l'autre se contente modestement du fief qui, jusqu'à présent, n'avait point son siège à Albi ; et les autres, à la suite, sont assurés de régner sur les foules électorales que les recruteurs politiciens des comités et les meneurs en titre poussent vers eux pour entretenir et développer leur fortune politique. On leur assure un socialisme d'État d'un genre particulier qui consiste dans la socialisation des industries et des monopoles aujourd'hui entre les mains de l'État ou de ceux qui pourront y être placés demain.

La socialisation des chemins de fer de l'État est chose déjà faite, et nous avons reçu l'assurance que l'exploitation en sera poursuivie, non pas dans un esprit de lucre, mais au seul profit des voyageurs, des expéditeurs de marchandises, des employés et des ouvriers. Ce serait, dit—

on, montrer un esprit de lucre contraire
à la solidarité sociale que de prélever,
fût-ce quelques centimes, sur les chemins
de fer de l'État, pour les verser aux produits divers du budget. Loin d'apporter
une ressource, la socialisation de cette
entreprise de transport demandera qu'on
lui attribue tous les ans de formidables
dotations, dont le montant, ajouté à la
valeur des intérêts perdus sur le capital,
constituera un prélèvement effectué par
l'impôt sur les ressources de tout le
monde. Et ce prélèvement égalera certainement celui qui, dans une politique que
les socialistes appellent bourgeoise, aurait
conformément à la loi naturelle et sociale,
grevé un certain nombre de budgets particuliers, à savoir ceux des particuliers
qui se seraient servis du chemin de fer.

On socialisera de même les manufactures de tabac. Le tabac en feuilles sera demandé aux agriculteurs aux prix qu'ils voudront bien fixer. Il brûlera mal, parce que le tabac qui brûle mal est plus facile à produire, et que le producteur, faisant la loi au consommateur par le puissant intermédiaire de l'État, ne fera aucun effort pour améliorer ses produits. En revanche le tabac fabriqué sera livré aux fumeurs à un prix qu'on aura majoré en raison des salaires, fixés par les directeurs des usines socialisées avec une générosité qui ne leur coûtera rien.

Quant au monopole de l'alcool, il réa—lisera, par la socialisation des distilleries, le triple avantage :

1° De fournir de vastes ressources aux distillateurs et rectificateurs auxquels on aura payé des indemnités d'expropriation ;

2° D'encourager la production natio-·

nale, en permettant l'utilisation de tout ce
que l'agriculture française peut produire,
de matières alcoolifères ;

3° De réduire, après avoir augmenté la
production au delà de tout ce qu'il est
permis de prévoir, de réduire, dis-je, la
consommation de l'alcool au grand profit
de l'hygiène sociale: singulière façon, soit
dit en passant, de mesurer la production
à la consommation, et réciproquement.

Mais le gouvernement radical-socialiste
en donnant des fiefs aux socialistes élo-
quents du parti doctrinaire, et en sociali-
sant les monopoles industriels, a-t-il la
prétention de donner au parti socialiste,
en général, une satisfaction dont il sera
lui-même récompensé par la reconnaissance du parti? Engels, un des chefs du
socialisme contemporain, et en même
temps un grand capitaliste, — car on a

espéré un moment que son héritier enver-
rait cent mille francs à une Verrerie ou-
vrière, à construire à Carmaux, pour faire
concurrence à celle d'Albi, — Engels ne
voit, dans ces sortes de procédés, qu'une
façon bourgeoise de créer des places et
d'augmenter le nombre des fonctionnaires :
c'est du socialisme *petit bourgeois*, disait-il.
Ne pouvons-nous pas lire en effet, tous les
jours, dans les journaux du parti socia-
liste-révolutionnaire, qu'ils n'attachent aucun intérêt à un socialisme destiné à faire
simplement les affaires de quelques bourgeois, appliquant cette appellation à tels
ou tels grands orateurs députés, lesquels
sont très blessés de ce langage ? C'est
disent-ils, un socialisme bon pour des politiciens et des meneurs de foules, et les
ouvriers ne veulent plus de politiciens ni
de meneurs : ils les considèrent comme de

simples avocats, et nous pourrons peut-être
bientôt lire sur les murs, pendant les périodes électorales, quelque chose qui res-
semblera à ces innombrables bandes de
papier de toutes couleurs que j'ai vues,
dans ma jeunesse, en 1848, collées partout
et qui portaient en lettres géantes ces
mots : « Pas d'avocats, pas d'avocats ! »
Les allemanistes guettent le ministère, et
ils profiteront de toutes les voies qui leur
seront ouvertes pour entrer dans la place
et en faire sortir les autres ; ils mesureront
leur confiance avec avarice ; puis, un beau
jour, ils rompront le pacte de Carmaux,
dont les débris tomberont à terre avec le
Cabinet radical-socialiste. Mais dans quel
état celui-ci aura-t-il laissé la France, si
ce craquement se fait longtemps attendre?

Qu'importe? diront ceux auxquels l'expérience n'ouvre jamais les yeux. La ri-

chesse de la France n'est-elle pas inépuisable? Le crédit de la France n'est-il pas le premier du monde?

Comme s'il y avait des richesses inépuisables! Si la richesse de la France est gaspillée, elle sera réduite; si le gaspillage est continué après que la richesse aura été réduite, elle sera détruite. La France a déjà traversé plus d'une fois des périodes de prospérité suivies de ruine! Chaque fois que la richesse de la France se réduira, si ce malheur arrive, la misère du budget augmentera, et à chaque augmentation de la misère du budget correspondra, pour y faire face, la nécessité d'une fiscalité plus inquisitoriale et plus destructive appliquée à ce qui subsistera encore de la richesse du pays. Le progressif n'est-il pas le moyen de venir à bout de l'inépuisable? Ce sera un progressif

bénin pour commencer, introduit simplement à titre de principe dans notre système financier, une dégression, comme
l'on dit, pour dégrever les moins fortunés
en compensation de leurs charges de
famille et autres. Mais comment garantir
la modération durable en matière de fiscalité? Le parti ouvrier demande qu'on
réduise par des impôts ou par des expro-
priations toutes les fortunes au maximum
de vingt mille francs, et le ministre de la
guerre du Cabinet radical voulait faire
payer la totalité de l'impôt foncier par
quelques milliers seulement de propriétaires. Où s'arrêtera dans l'avenir la progression? Cela dépendra des mains qui la
manieront. MM. Cavaignac et Allemane
semblent d'accord pour aller jusqu'aux
plus extrêmes limites. Personne ne peut
nier pourtant qu'il existe un degré où la

progression aboutit à l'expropriation, c'est-
à-dire à la spoliation. En faisant payer
par quelques-uns les impôts de tous, on
ne fait pas de la solidarité, on abuse tout
simplement de la force du nombre pour
opprimer la minorité. C'est, à proprement
parler, l'exploitation d'un homme par tous
les autres.

Il y a d'ailleurs d'autres moyens que
la progression pour diminuer et même
pour épuiser, si on y persévère, la richesse
inépuisable de la France. Les commerçants sont des intermédiaires ; les intermédiaires sont des vampires; ils vivent
en parasites sur le monde des producteurs
et des travailleurs. Ils sont suspects, donc
ils sont coupables. Ils sont coupables du
crime de spéculation. Conclusion : point
de commerce! Les Français, sans faire
de commerce, échangeront entre eux le

produit de leur travail et seront heureux.
Les industriels ne valent guère mieux que
les commerçants. Ce sont des patrons;
ils possèdent un capital. Ce capital doit
appartenir à leurs usines. Ils n'en sont
que les administrateurs, et encore, comme
ils l'administrent dans un esprit de lucre,
c'est à leurs ouvriers à prendre leur lieu
et place pour l'employer au point de vue
altruiste de la solidarité sociale.

Si le président du Conseil ne dit ex-
pressément rien de semblable, et je le
reconnais, ce qu'il dit n'en a pas moins
la même signification.

L'industrie n'est-elle pas de plus en plus
incertaine dans ses résultats, par suite de
l'invasion de l'État dans les ateliers et de
l'augmentation obligatoire de ses prix de
revient? Le patron est-il sûr de pouvoir
faire face à ses engagements, si ses ou-

vriers peuvent le mettre à volonté dans l'impossibilité de les remplir? L'industriel a, en fait, la situation la plus défavorable. Tous les risques sont à sa charge, et rien de ce qui peut lui permettre de les couvrir ne lui est assuré. S'il fait des bénéfices et s'il les emploie à compenser ses pertes, on l'accuse d'être inspiré par l'esprit de lucre le plus antisocial. Et vous croyez que cet esclavage du commerçant et de l'industriel est de nature à engager les capitalistes à faire valoir leurs capitaux dans l'industrie française? Pourchassés à outrance, vous croyez qu'ils ne chercheront pas un refuge le plus loin possible de tant de chasseurs à l'affût de leur bien? Je crains, moi, qu'ils ne soient incités à vivre isolés sur leur fonds, aussi longtemps que la terreur durera. Ils auront fait comme Sieyès, ils auront vécu et encore !

Le gouvernement a bien quelques paroles à la disposition de ces pauvres gens ; mais ses paroles sont tellement en contradiction avec ses actes, qu'on a de la peine à les prendre au sérieux.

Si la richesse de la France est condamnée à être réduite, si elle doit aller en s'épuisant, tout inépuisable qu'on la proclame, n'y a-t-il pas des gens optimistes pour ne pas s'en effrayer, parce qu'il reste encore à la France, pour se sauver de tout péril, le premier crédit du monde?

Le crédit, cependant, peut disparaître à son tour, et même cela peut lui arriver encore plus vite qu'à la richesse. Voyez l'exemple des États-Unis. Son crédit était, il y a peu d'années, un des premiers du monde. Les conversions de sa dette se succédaient à peu d'intervalles les unes des autres. Il y avait toujours plus de ca-

pitaux offerts que de capitaux utilisables.
Or, ce crédit, il est devenu ce que vous
savez : ce n'est plus qu'un reste de crédit,
un crédit anémié. La vieille Europe est la
partie du monde où le capital demeure,
parce que c'est là qu'on a commencé de
l'accumuler. C'est en Europe, comme on
dit aux États-Unis, qu'il a son domicile
de naissance, son *home*. Quand la vieille
Europe retire ses fonds à l'Amérique, la
fortune de celle-ci est ébranlée; son crédit
s'affaisse : du plus haut degré de l'échelle,
il descend tout de suite au plus bas.

Le crédit est comme un être vivant.
Quand il a force et santé, il ressemble au
taureau superbe dans l'arène, qui regarde
avec une surprise dédaigneuse le torero
armé de sa petite épée. Mais, voilà le to—
rero qui fatigue le robuste animal, qui lui
envoie son quadrille pour le tourmenter,

qui lui fait enfoncer dans le flanc des pointes acérées. On l'appelle, on l'excite avec un chiffon rouge; on l'épuise en le faisant s'élancer dans le vide. Un moment vient où le taureau, n'en pouvant plus, s'arrête. Cesserait-il de se défendre, le lâche? Le feu! le feu! crie la foule. On porte le feu sur son corps. Alors le torero s'avance vers la bête éreintée, et lui porte à la nuque un coup droit mortel. Le taureau s'affaisse. Ce n'est plus qu'un corps flasque et mou que quatre mules, au galop, font disparaître de l'arène. Le beau taureau, naguère si puissant et si vigoureux, est mort : quelques instants ont suffi pour qu'il ne fût plus.

Fatiguez le crédit; tourmentez-le; tendez-lui mille embûches; ayez des picadores qui s'appellent inspecteurs, armés de tous les instruments de la fiscalité,

amende et confiscation, et le premier crédit du monde sera bien vite transformé en
crédit d'État à finance avariée. Après une
lutte plus ou moins longue, il succombera
tout d'un coup.

La liberté est le nerf des affaires : la
protection exercée par les gouvernements
détruit cette liberté. Protégez les gens
contre les affaires et vous les ruinerez,

Si vous mettez les commerçants, les
industriels, les protecteurs en suspicion ;
si vous surveillez le capital pour l'empêcher de se commettre dans tel commerce,
telle industrie, telle exploitation ; si vous
vous chargez de faire valoir la fortune des
particuliers ; si vous ouvrez ce que l'on
pourrait appeler, sans métaphore, un vaste
bureau de placements ; si vous dites à ceux
qui possèdent des économies : Venez à
moi, je placerai sur votre tête un bourre-

let, comme on fait aux enfants pour les empêcher de se blesser en tombant, alors vous brisez le ressort de la vie, vous supprimez l'énergie individuelle doublée de responsabilité, vous tuez les affaires, vous arrêtez la production, vous proclamez le chômage universel obligatoire, et le résultat de votre œuvre est juste le contraire de celui que vous avez rêvé.

Vous ne dites rien de tout cela, prétendez-vous. Soit ; mais vos actes le disent pour vous. Les actes parlent plus nettement et plus haut que les paroles. Quand un Cabinet radical socialiste pose le principe destructeur de la richesse de la France et de l'avilissement de son crédit, il s'aliène à coup sûr tous ceux qui chez nous, et ils sont légion, ne veulent pas qu'on ruine notre pays, qui croient encore au

crédit et à la force qu'il donne aux nations
qui en jouissent. Ce Cabinet tirera-t-il
au moins quelque force durable de l'appui
que lui donnent ses alliés, les socialistes
politiques et plus ou moins opportunistes?
Il serait bien imprudent à lui d'y compter ;
car ces pauvres gens sont déjà en pleine
décadence, et les ouvriers qui les excom-
munient tous les jours à grand fracas sont
bien les véritables maîtres de l'armée
socialiste ; ils s'emparent de plus en plus
de leur clientèle. Le radicalisme a-t-il
donc encore quelques illusions sur la possibilité de discipliner le parti ouvrier
socialiste révolutionnaire? Ce n'est cependant un mystère pour personne que les
membres du parti ouvrier sont absolument décidés à ne jamais rien faire pour
le Cabinet, et qu'ils profiteront au contraire de toutes ses fautes pour se rappro-

cher de leur but, qui est la conquête du
pouvoir politique.

Il n'y aura plus alors, pour soutenir le
ministère radical socialiste abandonné, et
pour le pousser une seconde fois à ce
Capitole où il lui plaît si fort de monter,
il n'y aura plus alors autour de lui qu'un
petit groupe de théoriciens d'une sociologie évolutionniste, qui continueront à
l'appeler le ministère des penseurs soli-
daires, plus solitaires, hélas! que soli-
daires.

Ah! les penseurs! Cela ne vous rap-
pelle-t-il pas le mot de madame de Staël
parcourant l'Allemagne dans les premières
années du siècle? Elle y voyait « des
penseurs sous terre et des grenadiers sur
le sol ». Songez à vos ralliés, ministres
radicaux. Le jour où paraîtraient à fleur
de terre les penseurs de votre gouverne-

ment de solidarité philosophique, vous verrez vos ralliés socialistes, un instant si fidèles, faire tout d'un coup signe à des grenadiers obéissants, dont les pieds reposent sur le sol solide, de se placer en sentinelles à votre porte, afin de vous surveiller. Vous ne serez plus alors maîtres de ceux que vous aviez faits prisonniers ; car ils ne vous lâcheront pas.

Vous reconnaîtrez alors, un peu tard, que vous avez inutilement grisé le pays avec des inventions allemandes. Laissez-nous nous réveiller et reprendre notre sang-froid. Nous voulons être des républicains français. Je puis bien parler au nom des 363 députés républicains de 1877; car j'ai fait une rude campagne pour eux et avec eux, tout sénateur que j'étais alors. Ce n'est pas le cas de certains ministériels, et peut-être même de cer-

tains ministres d'aujourd'hui, que nous
avons battus quand ils défendaient le
16 Mai avec la même ardeur qu'ils défendent à présent la République de M. le
président du Conseil. Oui, nous voulons
rester des républicains français, nous
aimant les uns les autres, et ce n'est pas
nous qui sommes poursuivis par des
rêves, ou plutôt par des cauchemars dans
lesquels nous nous voyons nous entre-
détruire ! Nous voulons que tout le monde
vive, protégé par le droit, égal pour tous.
Le premier ministre du Cabinet radical
socialiste a dit à Lyon que la France était
le soldat du droit. Restons dans le droit.
Si le nombre en France a, de par vous,
le pouvoir de disposer des biens et des
personnes d'une minorité qu'il peut écra-
ser sous son poids, la France ne serait
plus le soldat du droit. La force aurait

primé le droit, et chacun sait que jusqu'à présent personne n'a osé entrevoir le jour où cette maxime serait devenue française. (*Applaudissements prolongés.*)

FIN

TABLE

DERNIÈRES PUBLICATIONS

Format grand in-18 à 3 fr. 50 le volume.

Paris. — Imprimerie A. DELAFOY, 3, rue Auber.